新广告法精解与应用

刘双舟　主编

中国财政经济出版社

图书在版编目（CIP）数据

新广告法精解与应用/刘双舟主编．—北京：中国财政经济出版社，2015．8
ISBN 978－7－5095－6330－4

Ⅰ．①新…　Ⅱ．①刘…　Ⅲ．①广告法－中国－问题解答　Ⅳ．①D922．294．5

中国版本图书馆 CIP 数据核字（2015）第 172317 号

责任编辑：李　冰　　　　责任校对：杨瑞琦
封面设计：汪俊宇　　　　版式设计：兰　波

中国财政经济出版社 出版
URL：http：//www.cfeph.cn
E－mail：cfeph @ cfeph.cn

社址：北京市海淀区阜成路甲 28 号　邮政编码：100142
营销中心电话：88190406　北京财经书店电话：64033436　84041336
北京富生印刷厂印刷　各地新华书店经销
787×1092 毫米　16 开　11.75 印张　206 000 字
2015 年 8 月第 1 版　2015 年 8 月北京第 1 次印刷
印数：1—3 000　定价：38.00 元
ISBN 978－7－5095－6330－4/D·0388
（图书出现印装问题，本社负责调换）
本社质量投诉电话：010－88190744
打击盗版举报热线：010－88190492，QQ：634579818

新广告法精解与应用

主　编：刘双舟

撰稿人：（以姓氏笔画为序）

田亚男　冯贵祥　刘双舟　刘冰心　刘　青

纪宝义　陈逢源　赵玉瑾　贾振鲁　徐晓冬

作者介绍

刘双舟，毕业于中国政法大学，1998 年获法学硕士学位、2002 年获法学博士学位。中国民主建国会会员。

现任中央财经大学法学院教授、副院长，中国广告协会法律咨询委员会主任，北京盛峰律师事务所律师。

长期致力于广告法的教学和研究，积极投身于广告行业自律制度的建设和法律服务工作。先后主持完成 10 余项广告法律制度课题研究。发表数十篇广告法学术文章。

编者说明

2015年4月24日，第十二届全国人民代表大会常务委员会第十四次会议表决通过了《中华人民共和国广告法》（简称《广告法》）的修订。《广告法》施行20年来，在规范广告活动、促进广告业健康发展和保护消费者权益方面，发挥了重要作用。但是随着广告业的迅速发展和新兴媒体的广泛应用，广告发布的媒介和形式发生了较大变化，原有的一些规定已不能完全适应广告业发展的需要。

本人长期以来致力于广告法律的教学与研究，并积极参与中国广告协会法律咨询委员会的工作。自2004年起，代表广告行业参与了《广告法》修订草案的讨论，全程见证了本次《广告法》修订的过程。对于这次《广告法》修订的立法背景、各版本修订草案条文的演变、博弈各方的利益诉求、立法中的热点和难点问题、代表和委员们的立场、专家学者们的观点等有着较为全面的了解。

这次修订历时长达10年之久，是对《广告法》的第一次全面的修订，主要是围绕着严格规范广告活动、加强广告监督管理、适应发布媒介变化、解决实践中的突出问题等几个方面来开展的。修订后的《广告法》由原来的49个条文扩充到75个条文，新增了33个条文，删除了3个条文，保留了8个条文，修改了37个条文，内容变化非常大。归纳起来，变化主要体现在：广告准则的增加，代言制度的完善，烟草广告的广泛禁止，未成年人权益保护的加强，互联网广告的规制，虚假广告的界定，大众传播媒介广告发布规范的完善，广告监管责任的强化等几个方面。此外，修订后的《广告法》还明确了广告行业自律组织的法律地位与职能，并对公益广告作出了规定。

从学术角度对《广告法》进行深度的理论研究是非常重要的，但是对广大的广告从业人员而言，《广告法》修订后，可能更迫切需要针对性较强的、显浅易懂的普法读物来帮助他们理解新《广告法》的条文含义、主要变化及适用中的注意事项。在中国财政经济出版社的大力支持下，我们整理完成的这本《新广告法精解与应用》终于出版了，在此对付出辛勤劳动的编辑们表示真诚的感谢！

《新广告法精解与应用》结合新《广告法》的条文，采用喜闻乐见的问答形式，以轻松活泼的语言，对《广告法》修订的背景、新旧广告法的不同、核心概念的含义、新增内容的理解和运用、常见法律风险的防范、疑点难点的解释以及广告从业中的注意事项等，作出详尽的解释和分析。同时，对《广告法》修订前后的变化以逐条对比的形式进行了解读。该书既是一本大众普法读物，也是广告从业者的工作手册。

受编者学术水平所限，书中难免会有错误和不当之处，希望广大读者给予批评指正。

刘双舟

2015年6月18日

目 录

1. 为什么要修订《广告法》?

《中华人民共和国广告法》自1995年2月1日施行以来，在规范广告活动、促进广告业健康发展和保护消费者权益方面，发挥了重要作用。近年来，随着我国广告业的迅速发展和新兴媒体的广泛应用，广告发布的媒介和形式发生了较大变化，原有的一些规定过于原则，约束力不强，对一些新问题、新情况缺乏规范，已不能完全适应广告业发展的客观需要：一是广告准则内容不够完备，针对性不强，药品、医疗器械、农药、兽药、烟草等广告准则内容较为单薄，保健食品、医疗、教育、培训、房地产等广告缺乏专门规定。二是广告活动规范不够明晰，广告主、广告经营者、广告发布者和广告荐证者的义务与责任缺乏清晰界定，对未成年人权益保护不够，对网络广告的监管需要加强。三是虚假广告的认定标准亟待明确，有效惩治虚假广告的法律依据还不完善。四是法律责任的针对性和操作性不强，惩处力度不够，难以有效遏制广告违法行为。自2000年以来，社会各界对修改、完善广告法，依法严厉打击虚假违法广告的呼声十分强烈，多位全国人大代表、政协委员先后提出了修法的建议和提案。

2. 《广告法》修订的过程如何?

受国务院委托，国家工商总局2004年开始启动修订《广告法》的准备工作。2009年8月形成《广告法修订送审稿》并正式报国务院审议。2013年，《广告法》修订工作列入国务院立法工作计划，2014年被列入全国人大常委会立法工作计划。2014年2月，国务院法制办将《广告法修订草案征求意见稿》在网上向全社会公开征求意见。同年6月4日，国务院常务会议讨论通过了《中华人民共和国广告法（修订草案）》（以下简称《广告法（修订草案）》）。2014年8月25日，《广告法（修订草案）》提交全国人大常委会审议，第十二届全国人大常委会第十次会议初次审议了《中华人民共和国广告法（修订草案）》。之后，法制工作委员会将修订草案印发各省、自治区、直辖市、中央有关部门和部分高等院校、研究机构征求意见。在中国人大网全文公布修订草案征求社会公众意见。法律委员会、财政经济委员会、法制工作委员会联合召开座谈会，听取中央有关部门和部分全国人大代表对修订草案的意见。法律委员会、法制工作委员会还到安徽、重庆、云南等地进行调研，听取意见；并就修订草案的有关问题与财政经济委员会、国务院法制办公室、国家工商行政管理总局交换意见，共同研究。法律委员会于2014年12月2日召开会议，根据常委会组成人员的审议意见和各方面意见，对修订草案进行了逐条审议。财政经济委员会、国家工商行政管理总局的负责同志和国务院法制办公室的有关同志列席了会议。2014年12月15日，第十二届全国人大常委会第十二次会议对草案进行了第二次审议。2014年12月30日至2015年1月19日，全国人大常委会就该草案二审稿面向社会公开征求意见。2015年4月8日，全国人大常委会法制工作委员会邀请全国人大代表、有关人民团体、专家学者、生产企业、广告企业、媒体、行业协会和消费者协会等方面的代表，就修订草案中主要制度规范的可行性、法律出台时机、法律实施的社会效果和可能出现的问题等进行评估。总的评价是：修订草案针对现行广告法实施中的新情况和实践中公众反映强烈的虚假广告、广告代言、互联网广告等问题，进一步完善了相关法律制度，规范了广告活动各方的行为，加大了对广告违法行为的打击力度，相关规定内容明确、具体，针对性和可操作性强，有一定的前瞻性，有利于维护消费者合法权益，有利于促进广告行业的健康发展，现在出台是必要的、适时的。有的代表还对修订草案提出了一些具体的修改意见，法律委员会进行了认真的研究，对部分意见予以采纳。2015年4月20日，第十二届全国人大常委会第十四次会议对广告法修订草案进行第三次审议。2015年4月24日第十二届全国人大常委会第十四次会议通过了对《中华人民共和国广告法》的修订。同日，习近平主席签署第22号国家主席令，公布了修订后的《中华人民共和国广告法》，并决定自2015年9月1日起施行。

3. 《广告法》修订中的热点问题有哪些？

这次《广告法》的修订是一次全面的修订，涉及到的热点问题很多，归纳起来看，主要有以下几个方面：

一是广告代言人制度。近年来，广告代言的现象越来越普遍，有些代言人利用自身的名望诱导消费者对商品或服务产生信任并模仿着去消费同样的商品或服务，由此引发了不少虚假广告的纠纷。著名的案例有“三鹿奶粉案”、“藏秘排油案”、“亿霖植树造林案”、“番茄胶囊案”等等，严重侵害了消费者的合法权益。但是原《广告法》只调整广告主、广告经营者和广告发布者三类广告主体的广告行为，广告代言人不是广告活动的法定主体。代言人从广告代言行为中获得了丰厚的报酬，造成损害消费者利益的后果却无需承担任何法律责任。这引起了广大消费者的强烈不满。为加强对消费者权益的保护，规范广告代言行为，完善广告代言制度成为了这次《广告法》修订的一项主要任务。

二是新增广告准则问题。这次修订中，反复论证了处方药、保健食品、医疗器械、医疗广告、兽药、饲料、饲料添加剂、教育、培训、招商等有投资回报预期的商品或者服务、房地产、农作物种子、林木种子、草种子、种畜禽、水产苗种和种养殖广告等的活动准则的规定。

三是虚假广告的含义和情形问题。原《广告法》对虚假广告仅作了“广告不得含有虚假内容，不得欺骗和误导消费者”这样原则和笼统的规定。既没有对虚假广告的含义进行界定，也没有对虚假广告的构成条件或者情形进行规定，执法操作性很差，严重影响了对虚假广告的查处和打击。这次修订中，如何界定虚假广告的含义、如何明确认定虚假广告的情形等成为了讨论的一个核心问题。

四是公益广告的规定。原《广告法》的调整范围仅局限于商业广告，公益广告及其他非商业广告仍由《广告管理条例》予以调整。这样的安排一方面与《广告法》应有的广告活动基本法的法律地位不相符合；另一方面也破坏了广告法律体系的完整性。因此，在这次修订中，将公益广告纳入《广告法》的调整范围的呼声很高。

五是对未成年人的保护问题。现行《广告法》中仅有一个条文涉及到未成年保护问题，规定：广告不得损害未成年人的身心健康。这样简单的规定既不具有可操作性，实践中也无法真正起到保护未成年人权益的作用。实践中存在着许多不利于未成年人身心健康的广告内容和广告形式。在本次修订中，关注未成年人身心健康成了一个重要议题。

六是互联网广告是否要纳入广告法调整问题。原《广告法》制定时还没有互联网这种广告媒体，因此也就没有涉及到互联网广告的规范。互联网广告的快速发展给原《广告法》提出了巨大的挑战。在这次《广告法》修订中，要不要将互联网广告纳入广告法以及如何规范互联网广告成为社会各界关注的一个焦点。

七是烟草广告的存废。原《广告法》将烟草广告作为特殊类型的广告进行了特别规制，禁止利用广播、电影、电视、报纸、期刊发布烟草广告。禁止在各类等候室、影剧院、会议厅堂、体育比赛场馆等公共场所设置烟草广告。烟草广告中必须标明“吸烟有害健康”。自《广告法》修订工作启动以来，在历次修订稿的讨论中，要求全面禁止烟草广告的呼声都非常高，国际社会对我国《广告法》的修订也报以很大希望。关于烟草广告的存废问题，在《广告法》修订中争论的非常激烈。

八是虚假广告治理问题。原《广告法》对虚假广告的处罚明显偏低。近年来虚假广告侵害消费者权益的案件屡有发生，引发社会公众的强烈不满。在这次修订中，如何界定虚假广告，如何加大虚假广告的违法成本和处罚力度，是社会关注度最高的一个问题，也是修法工作中的重要内容。

4. 国务院法制办对《广告法》主要有哪些修订建议？

国家工商总局在总结监管经验的基础上，起草了《中华人民共和国广告法（修订草案）（送审稿）》。2009 年 9 月，工商总局向国务院报送了《中华人民共和国广告法（修订送审稿）》。国务院法制办公室经征求有关方面意见，会同工商总局对送审稿进行认真研究修改，以治理虚假广告为中心，从扩大法律调整范围，补充、完善广告准则和广告活动规范，提高法律责任的幅度和可操作性等方面对原《广告法》作出修改，形成《中华人民共和国广告法（修订草案）（征求意见稿）》。2014 年 2 月 21 日向社会公开征求意见。征求意见稿主要内容如下：

第一，完善广告定义，扩大调整范围。关于广告定义。征求意见稿规定广告法中的“广告”为商业广告，是指商品经营者或者服务提供者通过一定媒介或者形式推销商品或者服务的信息。非商业广告的管理参照本法有关规定执行。国家鼓励、支持开展公益广告宣传活动，广告发布媒介有义务刊播公益广告，公益广告的管理办法，由国务院工商行政管理部门会同有关部门制定。关于广告参与者。考虑到实践中自然人作为广告主推销产品或服务，从事广告设计、制作、代理业务和通过自媒体等发布广告的情况已比较普遍，将自然人纳入了广告主、广告经营者和广告发布者的范围。同时，引入广告荐证者的法律概念，广告荐证者是指广告主以外的，在广告中对商品、服务进行推荐或者证明的自然人、法人或者其他组织，并对其行为规范和法律责任作出明确规定。

第二，补充、完善广告准则。征求意见稿根据广告业发展情况和监管实际，对广告的一般性要求和禁止性规定作了补充、完善，并规定国务院工商行政管理部门应当根据本法，单独或者会同国务院有关部门制定广告准则的具体规定。在具体广告准则方面：一是对药品、医疗器械广告准则作了重点修改，要求药品、医疗器械广告的内容应当与药品监督管理部门依法批准的说明书、注册证明文件相符合，并根据药品管理法等有关法律、行政法规的规定，对处方药广告、非处方药广告和医疗器械产品广告提出具体要求。二是根据实践中医疗广告数量众多、违规情况较为普遍的情况，增加规定医疗广告的广告准则，要求医疗广告的内容应当与卫生主管部门核发的医疗机构执业许可证载明的内容相符合，并明确医疗广告发布前应当经过广告审查。三是从保护广大农民的切身利益出发，针对涉农广告监督管理中存在的突出问题，补充、完善农药、兽药广告准则，增加饲料和饲料添加剂广告准则，增加专条规定农作物种子、林木种子、草种子、种畜禽、水产种苗和种养殖广告准则。四是根据我国履行世界卫生组织《烟草控制框架公约》的需要，参照原卫生部、工商总局、烟草局等部门2012年12月联合发布的《中国烟草控制规划（2012—2015年）》，对发布烟草广告的媒介和场所作出进一步限制，并规定在禁止发布的媒介、场所外发布烟草广告应当经工商行政管理部门批准，经批准发布的烟草广告中必须标明“吸烟有害健康”。同时，增加专条规定烟草、酒类广告的禁止性规范。五是根据有关部门和地方反馈的意见，增加专条规范教育、培训广告，招商、投资咨询、金融理财产品广告和房地产广告。六是为维护广大消费者的生命健康安全，明确规定除国家批准的药品、医疗器械、医疗广告外，禁止其他任何广告涉及疾病治疗功能，禁止使用医疗用语或者易与药品混淆的用语。

第三，严格规范广告活动。一是根据《国务院关于严格控制新设行政许可的通知》要求和监管实际，取消对广告经营者的行政许可，仅对从事广告发布业务的广播电台、电视台、报刊出版单位、互联网站进行广告发布登记。二是根据实地调研和意见反馈情况，进一步明确广告主确保广告真实的责任，规定广告主应当确保广告内容真实，并对其提供的证明文件的真实性负责。广告主依法应当提供证明广告内容真实性的证明文件而不提供的，视为广告内容不真实。三是完善广告经营者、广告发布者、广告荐证者的行为规范。要求广告经营者、广告发布者建立健全广告审查管理制度，配备广告审查人员。要求广告荐证者在广告中对商品和服务进行推荐、证明应当基于事实、符合法律规定，应当查验广告主依法提供的证明文件、核对广告内容，禁止广告荐证者为其未使用过的商品或未接受过的服务作证明。明确广告经营者、广告发布者和广告荐证者不得为有关广告提供设计、制作、发布、代理服务和进行推荐、证明。四是增加专条规定广告活动中的未成年人保护问题。禁止在中小学校、幼儿园内开展广告活动，禁止利用中小学生、幼儿的教科书、教辅材料、练习册、校服、校车等发布广告。禁止在针对未成年人的大众传播媒介、频率、频道、节目、栏目上发布药品广告、医疗广告、医疗器械广告、网络游戏广告、酒类广告。五是落实《全国人民代表大会常务委员会关于加强网络信息保护的决定》的要求，规定任何组织或者个人未经当事人同意或者请求，或者当事人明确表示拒绝的，不得向其固定电话、移动电话或者个人电子邮箱发送广告。六是根据网络广告监管的实际需要，要求互联网网站从事广告发布业务应办理广告发布登记。同时，考虑到公共场所和网络平台作为广告发布平台的特殊性，明确公共场所的管理者或者电信运营商、互联网信息服务提供商，对利用其场所或者信息传输平台进行的广告活动，有权要求有关主体依法提供相关证明文件；对明知或者应知利用其场所或者信息传输平台发布违法广告的，应当予以制止。

第四，明确界定虚假广告的概念与表现形式。征求意见稿规定，广告以虚假或者引人误解的内容欺骗、误导消费者的，构成虚假广告，并详细列举了虚假广告的具体情形：(一) 推销的商品或者服务不存在的；(二) 推销的商品的性能、功能、产地、用途、质量、规格、成分、价格、生产者、有效期限、销售状况、曾获荣誉等信息，或者服务的内容、形式、质量、价格、销售状况、曾获荣誉等信息，以及与商品或者服务有关、能够影响购买行为的允诺等对合同订立有重大影响的信息，与实际情况不符的；(三) 使用虚构、伪造或者无法验证的科研成果、统计资料、调查成果、文摘、引用语等信息作证明材料的；(四) 虚构使用商品或者接受服务的效果的。

第五，采取多种方式加强监督管理。一是完善广告审查制度，增加规定医疗广告发布前须经审查，未经审查不得发布。二是明确强制措施，根据行政强制法的规定，赋予了工商行政管理部门在履行广告监督管理职能中可以行使的职权。三是约束媒体行为，规定工商行政管理部门会同新闻出版广电、信息产业等主管部门，制定利用广播、电影、电视、报纸、期刊、电信网络、互联网等媒介发布广告的行为规范。四是建立信用档案，规定国务院工商行政管理部门应当建立广告监督管理信息系统，将广告主、广告经营者、广告发布者和广告荐证者的违法广告行为记入信用档案。

第六，补充、完善法律责任制度，提高行政处罚的可操作性和震慑力。一是加大对违法的广告主、广告经营者和广告发布者的惩处力度。对发布虚假广告、含有禁止情形的广告、依法应经发布前审查而未经审查的广告等重点违法行为，提高罚款幅度，并对2年内有3次以上严重违法行为或者有其他严重情节的，加重处罚。同时，针对广告主利用自有产品外包装或者自设网站等自媒体等发布广告，广告费用无法计算的情况，规定定额罚款。针对实践中普遍存在的签订阴阳合同，以低广告费用或者零广告费用规避行政处罚的情况，规定在实施行政处罚时，广告费用明显偏低的，由工商行政管理部门根据广告发布者公布的收费标准确定广告费用。二是明确广告荐证者的法律责任。规定广告荐证者明知或者应知广告虚假仍在广告中对商品、服务进行推荐或者证明的，由工商行政管理部门没收违法所得，并处违法所得1倍以上2倍以下的罚款；损害消费者合法权益的，依法承担连带责任。三是规定违反本法规定，向个人固定电话、移动电话或者个人电子邮箱发送广告的，由有关主管部门依照国家有关电信管理的规定查处。四是规定公共场所管理者和平台运营商责任。规定公共场所的管理者和电信运营商、互联网信息服务提供者，明知或者应知利用其公共场所或者平台进行的广告活动违法而不予制止的法律责任。在工商行政管理部门没收违法所得和处罚款的同时，情节严重的由有关主管部门吊销经营许可证。五是严格媒体责任。考虑到广告发布环节是否依法履行审查义务对治理虚假违法广告至为关键，根据我国媒体管理实际，规定广播电台、电视台、报刊出版单位违反本法规定发布违法广告的，工商行政管理部门通知新闻出版广电部门对广告发布者作出责令改正等行政处理措施；情节严重的，新闻出版广电部门应当停止媒体的相关业务，对直接负责的主管人员和其他直接责任人员依法给予处分。六是补充规定民事责任。在现行法有关民事责任条款的基础上，规定广告主、广告经营者、广告发布者和广告荐证者违反其他法律、行政法规规定，损害消费者合法权益的，消费者有权依照产品质量法、消费者权益保护法、合同法、侵权责任法、食品安全法等法律、行政法规规定，要求其承担相应法律责任。

5. 《广告法修订草案（一审稿）》修订的主要内容是什么？

2014 年 8 月 31 日，全国人大常委会公布了《广告法修订草案一审稿》，公开征求意见。根据全国人大常委会法制工作委员会《广告法修订草案（一审稿）修订说明》，《广告法修订草案（一审稿）》修订的主要内容包括：

第一，补充、完善广告准则。一是对药品、医疗器械广告准则作了完善（第十六条），新增保健食品、医疗广告准则（第十七条），禁止除药品、医疗器械、医疗广告外的其他广告涉及疾病治疗功能（第二十六条）。二是补充、完善农药、兽药广告准则，增加饲料、饲料添加剂广告准则和种子、种畜禽、水产苗种和种养殖广告准则（第十九条、第二十五条）。三是增加教育、培训、招商、房地产广告准则（第二十二条、第二十三条、第二十四条）。四是对发布烟草广告的媒介、形式和场所作了更严格的限制，明确规定不得设置户外烟草广告（第二十条）。

第二，严格规范广告主体的行为。一是明确广告主应当对广告内容的真实性负责（第三十三条）。二是增加广告荐证者的行为规范（第三十九条）。三是增加专条规定未成年人保护问题（第四十条）。四是规定公共场所的管理者或者电信业务经营者、互联网信息服务提供者的广告管理责任（第四十四条）。同时，经过对现行广告法规定的行政许可进行评估，取消了广告经营登记，并根据行政许可法的要求，进一步明确了广告发布登记的条件和登记机关（第二十九条）。

第三，明确界定构成虚假广告的具体情形。修订草案明确规定下列情形构成虚假广告：一是推销的商品或者服务不存在的；二是推销的商品的性能、功能、产地、用途、质量、规格、成分、价格、生产者、有效期限、销售状况、曾获荣誉等信息，或者服务的内容、形式、质量、价格、销售状况、曾获荣誉等信息，以及与商品或者服务有关的允诺等与实际情况不符，对购买行为有实质性影响的；三是使用虚构、伪造或者无法验证的科研成果、统计资料、调查结果、文摘、引用语等信息作证明材料的；四是虚构使用商品或者接受服务的效果的（第二十七条）。

第四，提高法律责任的可操作性和震慑力。一是加大惩处力度。对发布虚假广告等重点违法行为提高罚款幅度，对2年内有3次以上严重违法行为或者有其他严重情节的加重处罚，对广告费用无法计算的规定相应的罚款额度（第五十四条、第五十五条）。二是增加广告荐证者的法律责任。规定广告荐证者明知或者应知广告虚假仍在广告中对商品、服务作推荐、证明的，由工商行政管理部门没收违法所得，并处违法所得1倍以上2倍以下的罚款；损害消费者合法权益的，依法承担连带责任（第五十八条）。三是补充规定民事责任。在现行广告法有关民事责任条款的基础上，规定广告主、广告经营者、广告发布者、广告荐证者违反其他法律、行政法规规定，损害消费者合法权益的，消费者有权依照有关产品质量法、消费者权益保护法、合同法、侵权责任法、食品安全法等法律、行政法规规定，要求其承担相应法律责任（第六十六条）。

此外，修订草案还规定国家鼓励、支持开展公益广告宣传活动，公益广告的管理办法，由国务院工商行政管理部门会同有关部门制定（第七十三条）。

6. 《广告法修订草案（二审稿）》修订的主要内容是什么？

根据全国人大常委会法制工作委员会《广告法修订草案（二审稿）修订说明》，全国人大常委会《广告法修订草案（二审稿）》修订的主要内容包括：

第一，修订草案第二条中规定，本法所称广告，是指商品经营者或者服务提供者承担费用，通过一定媒介和形式直接或者间接地介绍自己所推销的商品或者所提供的服务的商业广告。一些常委委员、地方、单位提出，这一条实际上是关于本法调整范围的规定，现在的写法不够严谨；有的建议删除“承担费用”。法律委员会经研究，建议修改为：在中华人民共和国境内，商品经营者或者服务提供者通过一定媒介和形式直接或者间接地介绍自己所推销的商品或者服务的商业广告活动，适用本法（修订草案二次审议稿第二条第一款）。

第二，修订草案第十条对广告中不得含有的内容作了列举规定。有的常委委员、部门提出，为了维护军队标志的尊严，同时避免误导消费者，应当禁止在广告中使用军旗、军徽、军歌。法律委员会经研究，建议在广告不得含有的内容中增加使用或者变相使用中华人民共和国的“军旗、军徽、军歌”（修订草案二次审议稿第九条第一项）。

第三，修订草案第十七条中规定，药品、保健食品、医疗器械、医疗广告不得利用医药科研单位、学术机构、医疗机构、行业协会或者专业人士、患者的名义作推荐证明。有的常委委员、地方提出，上述四类商品和服务，关系消费者的生命健康和人身安全，且功效因人而异，不但不得利用科研机构、专业人士和患者进行推荐证明，也不得利用其他任何广告代言人的名义和形象作推荐证明。法律委员会经研究，建议将这一规定修改为：药品、保健食品、医疗器械、医疗广告不得利用医药科研单位、学术机构、医疗机构、行业协会、专业人士、患者或者其他广告代言人的名义或者形象作推荐、证明（修订草案二次审议稿第十六条第一款）。

第四，修订草案第二十条、第二十一条在现行规定的基础上，对发布烟草广告的媒介、形式、场所以及烟草广告内容作了进一步的限制。在常委会审议和征求意见中，对烟草广告问题有两种不同意见：一种意见认为，为了保护人民健康、预防青少年吸烟，应当完全禁止烟草广告；另一种意见认为，修订草案的规定已经国务院有关方面反复研究论证，不宜完全禁止。法律委员会经研究，建议在修订草案的基础上对烟草广告作出更为严格的限制，将有关规定修改为：一是禁止利用广播、电影、电视、报纸、期刊、图书、音像制品、电子出版物、移动通信网络、互联网等大众传播媒介和形式发布或者变相发布烟草广告；二是禁止在公共场所、医院和学校的建筑控制地带、公共交通工具设置烟草广告，禁止设置户外烟草广告、橱窗烟草广告；三是烟草制品生产者或者经营者发布的迁址、更名、招聘等启事中，不得含有烟草制品名称、商标、包装、装潢以及类似内容；四是其他商品或者服务的广告、公益广告中，不得含有烟草制品名称、商标、包装、装潢以及类似内容；五是经国务院工商行政管理部门批准发布的烟草广告中，不得出现吸烟形象，不得诱导、怂恿吸烟，不得明示或者暗示吸烟有利于人体健康、解除疲劳、缓解精神紧张，不得使用低焦油含量、低危害等用语，并应当显著标明“吸烟有害健康”。按照上述修改，除了在烟草制品专卖点的店堂室内可以采取张贴、陈列等形式发布经国务院工商行政管理部门批准的烟草广告，以及烟草制品生产者向烟草制品销售者内部发送的经国务院工商行政管理部门批准的烟草制品广告外，其他任何形式的烟草广告均被禁止（修订草案二次审议稿第十八条）。

第五，有的常委委员提出，为了更好地保护未成年人权益，促使未成年人健康成长，建议根据未成年人身心发展的规律和特点，对涉及未成年人的广告活动作出相应规范。法律委员会经研究，建议增加针对十四周岁以下未成年人发布广告的内容准则的规定：不得含有劝诱未成年人要求家长购买广告商品或者服务的内容；不得含有可能引发未成年人模仿不安全行为的内容（修订草案二次审议稿第三十七条第二款）。

第六，有的常委委员和地方、部门提出，报纸、期刊、广播电台、电视台等大众传播媒介，影响力巨大，应对其发布广告的行为进一步严格规范，强化责任。法律委员会经研究，建议增加以下规定：一是广播电台、电视台发布广告，应当遵守国务院有关部门关于时长、方式的规定，并应当对时长作出明显提示。二是大众传播媒介有义务发布公益广告；报纸、期刊、广播电台、电视台应当按照规定的版面、时段、时长发布公益广告。三是广播电台、电视台、报刊出版单位发布违法广告的，或者以新闻报道形式发布广告的，除由工商行政管理部门依法处罚外，有关部门还应当对负有责任的主管人员和直接责任人员依法给予处分；情节严重的，可以暂停广告发布业务（修订草案二次审议稿第十四条第三款、第六十五条、第七十一条第二款）。

第七，一些常委委员、地方、部门和单位提出，网络逐渐成为广告发布的重要媒介，实践中网络广告违法、影响用户使用网络等问题较为突出，建议增加有针对性的规定，加强对网络广告行为的规范。法律委员会经研究，建议增加以下规定：一是明确本法的各项规定均适用于互联网广告。二是互联网信息服务提供者利用互联网发布广告，不得影响用户正常使用网络。在互联网页面以弹出等形式发布的广告，应当显著标明关闭标志，确保一键关闭（修订草案二次审议稿第四十一条）。

第八，一些常委委员、地方和单位提出，虚假广告欺骗、误导消费者，影响广告业健康发展，损害社会经济秩序，建议进一步明确责任主体、加大惩处力度。法律委员会经研究，建议作如下修改：一是明确规定，广告主对广告内容的真实性负责，发布虚假广告的，应当承担相应的法律责任。二是明确规定，对明知或者应知广告虚假仍予设计、制作、发布的广告经营者、广告发布者，以及明知或者应知广告虚假仍在广告中对商品、服务作推荐、证明的广告代言人，依法给予行政处罚。三是明确规定，关系消费者生命健康的商品或者服务的虚假广告，广告经营者、广告发布者、广告代言人应当依法承担连带责任（修订草案二次审议稿第五十二条、第五十三条、第五十九条）。

第九，有的常委委员提出，为进一步规范广告活动，保护消费者权益，应当加强广告监管，强化广告监管部门的责任，对不作为、乱作为的，实行问责。法律委员会经研究，建议增加以下规定：一是工商行政管理部门应当建立健全广告监测制度，完善监测措施，及时发现和依法查处违法广告行为。二是工商行政管理部门和有关部门不依法履行职责的，任何单位或者个人有权向其上级机关或者监察机关举报。接到举报的机关应当依法作出处理，并将处理结果及时告知举报人。三是工商行政管理部门对在履行广告监测职责中发现的违法广告行为或者对经投诉、举报的违法广告行为，不依法予以查处的，对负有责任的主管人员和直接责任人员，依法给予处分（修订草案二次审议稿第四十六条第二款、第五十条第二款、第七十条第一款）。

7. 《广告法修订草案（三审稿）》修订的主要内容是什么？

修订草案经过两次审议修改，已经比较成熟。根据全国人大常委会法制工作委员会《广告法修订草案（三审稿）修订说明》，《广告法（修订草案）（三审稿）》修订的主要内容包括：

第一，修订草案二次审议稿第十六条对药品广告准则作了规定。有的常委委员和部门、单位提出，为保证用药安全，保护患者利益，应当对药品广告进一步严格规范，要求药品广告内容应当包括禁忌、不良反应。法律委员会经研究，建议在修订草案二审稿第十六条中增加规定，药品广告的内容不得与国务院药品监督管理部门批准的说明书不一致，并应当显著标明禁忌、不良反应（修订草案第三次审议稿第十六条第二款）。

第二，修订草案第二次审议稿第十六条对保健食品与药品的广告准则一并作了规定。有的常委委员提出，将保健食品和药品并列，规定同样的广告准则，不仅妥当；有的建议对保健食品广告准则单列一条，并增加规定，保健食品广告不得涉及疾病预防、治疗功能，不得声称或者暗示广告商品为保障健康所必需，并应当显著标明“本品不能代替药物”。同时，规定了相应的法律责任（修订草案第三次审议稿第十八条，第五十八条第一款第三项）。

第三，有的常委会组成人员和地方、单位提出，目前一些媒体以健康、养生栏目等形式变相发布医疗、药品、医疗器械、保健食品广告，误导消费者，应当明确禁止。法律委员会经研究，建议增加规定，广播电台、电视台、报刊出版单位、互联网信息服务提供者不得以介绍健康、养生知识等形式变相发布医疗、药品、医疗器械、保健食品广告（修订草案第三次审议稿第十九条）。

第四，有的常委会组成人员提出，为促进母乳喂养，应当增加禁止利用大众传播媒介发布母乳代用品广告的规定。法律委员会经研究，建议增加一条规定：禁止在大众传播媒介或者公共场所发布声称全部或部分替代母乳的婴儿乳制品、饮料和其他食品广告。并对违反这一规定的法律责任相应作了规定（修订草案第三次审议稿第二十条、第五十七条第三项）。

第五，修订草案第二次审议稿第十八条在草案基础上以列举的方式对发布烟草广告的媒介、公共场所等作了进一步的限制，即除了在烟草制品专卖点的店堂室内发布经过工商部门批准的烟草广告，以及烟草制品生产者向烟草制品销售者内容部发送的经过工商部门批准的烟草广告外，其他形式的烟草广告均被禁止。有些常委会组成人员主张全面禁止烟草广告；有些常委会组成人员建议对烟草广告进一步严格限制，或者在表述上进一步修改完善；也有常委委员提出，对烟草广告，既要严格限制，又要考虑烟草生产是一些地区农民增收的重要渠道的实际情况。有的常委会组成人员提出，在烟草专卖点和销售渠道进行的介绍，不属于向社会公众发布烟草广告。法律委员会经研究，建议将这一条修改为："禁止在大众传播媒介或者公共场所发布烟草广告"，"烟草制品生产者发布的迁址、更名、招聘等启事中，不得含有烟草制品名称、商标、包装、装潢以及类似内容"，"烟草制品生产者或销售者不得利用其他商品或者服务的广告、公益广告，宣传烟草制品名称、商标、包装、装潢以及类似内容"（修订草案第三次审议稿第二是二条）。

第六，修订草案第二次审议稿第三十五条对广告代言活动作了规定。有的常委会组成人员和地方、单位提出，应当对广告代言活动进一步严格规范，对于曾经为违法广告代言的人，应禁止其在一定期限内再为广告代言。法律委员会经研究，建议在这一条中增加规定：对在虚假广告中作推荐、证明受到行政处罚未满三年的自然人、法人或者其他组织，不得利用其作为广告代言人（修订草案第三次审议稿第三十八条第二款）。

第七，有的常委会组成人员和部门提出，应当进一步加强对医疗广告的管理，加大对违法发布广告的医疗机构的处罚力度，将现行有关规章的规定上升为法律。法律委员会经研究，建议在修订草案第二次审议稿第五十二条、第五十五条中分别增加规定：医疗机构违法发布广告，情节严重的，除由工商行政管理部门依照本法来处罚外，卫生行政部门可以吊销诊疗科目或者吊销医疗机构执业许可证（修订草案第三次审议稿第五十五条第二款，第五十八条第二款）。

第八，有的常委委员和单位提出，治理违法广告，要形成部门合力，一方面工商行政管理部门要加强监督管理，另一方面，新闻出版广电等媒体主管部门也要切实履行对媒体的监管职责，建议增加媒体主管部门的相应责任的规定。法律委员会经研究，建议在修订草案第二次审议稿第六十五条中增加规定：新闻出版广电部门以及其他有关部门对有广告违法行为的广播电台、电视台、报刊音像出版单位，不依法予以处理的，对负有责任的主管人员和直接责任人员，依法给予处分（修订草案第三次审议稿第六十八条第二款）。

此外，还对修订草案第二次审议稿作了一些文字修改。

8. 修订后的《广告法》主要有哪些变化?

这次《广告法》的修订是一次全面的修订，由原来的49个条文扩充到75个条文，新增了33个条文，删除了3个条文，保留了8个条文，修改了37个条文。这次修订主要是围绕规范广告活动，适应广告发布媒介形式发生的变化，解决广告实践中产生的突出问题来开展的。修订后的内容变化非常大，归纳起来，主要体现在以下十个方面：

第一，增加和完善了广告准则。这次《广告法》修订中一个显著的变化是，将原广告法第二章的名称“广告准则”调整为“广告内容准则”。同时丰富了广告准则的具体内容，增加了法律条文规定的可操作性。原广告法中仅规定了药品、医疗器械、农药、烟草、食品、酒类、化妆品7种特殊商品的广告准则。随着商品和服务广告种类的不断增加，原广告法的规定已经远远不能满足广告市场执法的需要。新广告法根据广告业发展的状况和广告监管工作的实际，针对17种与消费者生产和生活关系密切，并且在广告实践中违法广告发生率较高的商品和服务的广告准则进行了大幅度的补充和完善。新增广告准则包括：保健食品、医疗器械、医疗广告、兽药、饲料、饲料添加剂、教育、培训、招商等有投资回报预期的商品或者服务、房地产、农作物种子、林木种子、草种子、种畜禽、水产苗种和种养殖广告等的活动准则的规定。这些规定使得广告准则进一步完善。

第二，完善了广告代言制度。近年来，广告代言的现象越来越普遍，由于立法上的空白，导致现实中产生了一些严重侵害了消费者合法权益的案件。长期以来，很多人认为原《广告法》中没有涉及到广告代言的问题，这其实是一种误解。原《广告法》对广告代言是有规定的，但是规定的比较简单。原《广告法》在第三十八条第三款规定：“社会团体或者其他组织，在虚假广告中向消费者推荐商品或者服务，使消费者的合法权益受到损害的，应当依法承担连带责任。”这里明确规定了代言虚假广告的法律责任。但是这一规定存在两点不足：不足之一是，只规定了“社会团体或者其他组织”代言虚假广告的法律责任，而漏掉了自然人个人广告代言的法律责任。而自然人个人代言广告，尤其是有社会影响力的“名人”代言广告的行为恰恰是引发社会争议的焦点；不足之二是，只规定了代言虚假广告的民事法律责任，而没有规定相关的行政责任。同时，原广告法只调整广告主、广告经营者和广告发布者三类广告主体的广告行为，广告代言主体不是广告活动的法定主体。这就导致广告代言主体的法律定位不明，在广告活动中的权利义务不清。通过这次广告法的修订，进一步完善了广告代言制度及广告代言人法律责任：一是将广告代言人纳入了广告活动主体范围，并对代言人的含义进行了规定。广告法第二条规定，“本法所称广告代言人，是指广告主以外的，在广告中以自己的名义或者形象对商品、服务作推荐、证明的自然人、法人或者其他组织”。二是明确了不得进行代言的广告范围。即第十六条规定的“药品、医疗器械、医疗广告”；第十八条规定的“保健食品”广告；第二十二条规定的“烟草广告”。三是规定了不得利用科研单位、学术机构、行业协会、专业人士、用户或受益者代言的广告范围。即第二十一条规定的“农药、兽药、饲料和饲料添加剂广告”；第二十四条规定的“教育、培训广告”；第二十五条规定的“招商等有投资回报预期的商品或者服务广告”；第二十七条规定的“农作物种子、林木种子、草种子、种畜禽、水产苗种和种养殖广告”。四是禁止利用不满10周岁的未成年人作为广告代言人。即第三十八条第二款的规定。五是规定了广告代言的前置条件，即广告代言人应当依据事实代言、依法代言和使用过后才能代言。第三十八条规定：“广告代言人在广告中对商品、服务作推荐、证明，应当依据事实，符合广告法和有关法律、行政法规规定，并不得为其未使用过的商品或者未接受过的服务作推荐、证明”。六是明确了广告主、广告经营者聘用代言人时应当履行的法律义务，第三十三条第一款规定，“使用他人名义或者形象的，应当事先取得其书面同意；使用无民事行为能力人、限制民事行为能力人的名义或者形象的，应当事先征得其监护人的书面同意”。七是规定对有过代言违法广告前科者的代言禁止。第三十八条第三款规定：“对在虚假广告中作推荐、证明受到行政处罚未愈三年的自然人、法人或者其他组织，不得利用其作为广告代言人”。八是明确了代言人的行政法律责任。第六十二条规定，代言禁止代言的广告的、代言未使用过商品或服务广告的、明知或应知虚假广告仍进行的代言的，应由“工商行政管理部门没收违法所得，并处违法所得一倍以上二倍以下的罚款”。九是明确了代言人应承担的无过错民事连带责任。第五十六条第二款规定：“关系消费者生命健康的商品或者服务的虚假广告，造成消费者损害的，其广告经营者、广告发布者、广告代言人应当与广告主承担连带责任”。十是明确了代言人应承担的过错民事连带责任。根据第五十六条第三款的规定，与消费者生命健康关系不大的商品或者服务的虚假广告，广告代言人明知或者应知广告虚假仍作推荐、证明，造成消费者损害的，应当与广告主承担连带责任。

第三，广泛禁止了烟草广告。在广告法的修订中，烟草广告的存废问题是所有修订焦点中争论的最激烈的一个热点问题。1995年实施的广告法允许作烟草广告，但是做了两个方面的限制：一是关于广告媒介的限制，即禁止利用广播、电影、电视、报纸、期刊发布烟草广告；二是关于公共场所的限制，即禁止在各类等候室、影剧院、会议厅堂、体育比赛场馆等公共场所设置烟草广告。2003

年，世界卫生组织通过了《烟草控制框架公约》，要求成员国“广泛禁止烟草广告、促销和赞助。”我国于2005年正式批准了《烟草控制框架公约》，按要求，我国最迟应自2011年1月起，履行这一国际公约规定的义务，广泛禁止“烟草广告、促销和赞助。”《广告法》修订前，我国有关规范烟草广告的法律规定主要由禁止性规定、命令性规定和行政许可三部分构成：第一，禁止性规定。包括禁止发布烟草广告的大众传播媒介、禁止发布烟草广告的公共场所、禁止发布烟草广告的内容。一是禁止利用广播、电影、电视、报纸、期刊等大众传播媒介发布烟草广告；二是禁止在候车室、影剧院、会议厅堂、体育比赛场馆等公共场所设置烟草广告；三是禁止在烟草广告中出现的内容包括：吸烟形象；未成年人形象；鼓励、怂恿吸烟的情形；表示吸烟有利于人体健康、解除疲劳、缓解精神紧张的内容，其他违反国家广告管理的内容。第二，命令性规定。即发布烟草广告必须履行一些法定的义务，主要是要求烟草广告中必须标明“吸烟有害健康”的警语，并且警语必须清晰、易于辨认，所占面积不得少于全部广告面积的10%。第三，烟草广告活动必须取得行政许可。在国家禁止范围之外的媒体或者场所发布烟草广告，必须经省级以上广告监督管理机关或者其授权的省辖市广告监督管理机关的批准。在这次广告法的修订过程中，来自社会各界要求全面禁止烟草广告的呼声越来越高，从原《广告法》、国务院征求意见稿、全国人大常委会一审稿、二审稿、三审稿，到最终表决通过，有关烟草广告条文的内容一直在变化。这些变化归纳起来主要有：限制范围不断扩大；将列举式改为概括式；从提高行政审批级别到不再提及行政审批；从强调忠告语到完全不提及忠告语；从明确列举烟草广告的禁止情节到不提及具体情节。这个变化过程大致可以分为两个阶段：从国务院征求意见稿、全国人大一审稿到二审稿，变化遵循的精神主要是“从限制到严格限制再到更严格限制”；从三审稿到最终表决通过稿，变化遵循的精神则主要是“从严格限制到广泛禁止”。最终修订后的《广告法》明确禁止在大众传播媒介或者公共场所、公共交通工具、户外发布烟草广告。禁止向未成年人发送任何形式的烟草广告。禁止利用迁址、更名、招聘等启事变相发布烟草广告，禁止利用其他商品或者服务的广告、公益广告变相发布烟草广告。总之，将目前能禁止的全部予以禁止了。

第四，完善了保护未成年人身心健康的广告规范。在这次修订中，《广告法》在保护未成年人身心健康方面作出了很大的努力。原《广告法》中仅有一个条文中涉及到未成年保护，规定广告不得损害未成年人的身心健康。在实践中，这样简单的规定既不具有可操作性，也无法真正起到保护未成年人权益的作用。修订后的广告法对未成年保护作了全面的规定。内容主要包括：广告不得损害未成年人和残疾人的身心健康；禁止在大众传播媒介或者公共场所发布声称全部或者部分代替母乳的婴儿乳制品、饮料和其他食品广告；使用无民事行为能力人、限制民事行为能力人的名义或者形象的，应当事先征得其监护人的书面同意；不得利用不满十周岁的未成年人作为广告代言人；不得在中小学校、幼儿园内开展广告活动，不得利用中小学生和幼儿的教材、教辅材料、练习册、文具、教具、校服、校车等发布或者变相发布广告；在针对未成年人的大众传播媒介上不得发布药品、保健食品、医疗器械、化妆品、酒类、医疗、美容广告，以及不利于未成年人身心健康的网络游戏广告；针对十四周岁以下未成年人的商品或者服务的广告不得含有劝诱其要求家长购买广告商品或者服务内容和可能引发其模仿的不安全行为。这样的修订使相关规定具有了更强的操作性，更有利于对未成年人身心健康的保护。

第五，增加了对互联网广告的规范。受历史局限性影响，原《广告法》仅限于对广播、电影、电视、报纸、期刊等传统媒体广告予以规范，对互联网等新兴媒体则没有涉及。新广告法第四十四条和第四十五条对互联网广告进行了规范。主要包括三个方面的内容：一是规定“利用互联网从事广告活动，适用本法的各项规定。”这是一个原则性规定。互联网不是虚拟世界，而是现实世界的在网络上的反映。因此，互联网广告不能游离于广告法之外。这一规定从原则上将互联网广告纳入了广告法的调整范围。二是规定“利用互联网广告发布、发送广告，不得影响用户正常使用网络。在互联网页面以弹出等形式发布的广告，应当显著标明关闭标志，确保一键关闭”。三是规定“互联网信息服务提供者对其明知或者应知的利用其场所或者信息传输、发布平台发送、发布违法广告，应当予以制止”。“明知或者应知广告活动违法不予制止的，由工商行政管理部门没收违法所得，违法所得5万元以上的，并处违法所得1倍以上3倍以下的罚款，违法所得不足5万的，并处1万元以上5万元以下的罚款；情节严重的，由有关部门依法停止相关业务”。

第六，完善了虚假广告治理制度。原《广告法》对虚假广告仅作了“广告不得含有虚假内容，不得欺骗和误导消费者”这样原则和笼统的规定。既没有对虚假广告的含义进行界定，也没有对虚假广告的构成条件或者情形进行规定，执法操作性很差，严重影响了对虚假广告的查处和打击。修订后的《广告法》除保留了“广告不得含有虚假的内容，不得欺骗和误导消费者”这样的原则性规定外，又在第二十八条中，明确了虚假广告的含义，并列举了虚假广告的四种典型情形。在第五十五条、第五十六条中明确了虚假广告行为的行政责任、刑事责任和民事责任。与原《广告法》相比，惩处力度明显增大。另外，第五十四条还赋予消费者组织对虚假广告的社会监督权。这种原则性宣示与具体情形列举相结合的安排，极大地完善了虚假广告的法律责任，增强了执法的可操作性，有利于对虚假广告的查处和打击。

第七，完善了大众传播媒介广告发布规范。大众传播媒介主要是指报纸、广播、电影、电视、期刊、移动通信网络、互联网等。大众传播媒介主要分为印刷类和电子类，这两类媒介虽然各有特点，但都是发布广告的主要载体。传统广告期初主要是以报刊杂志等纸媒为载体的，后来增加了广播、电视等音像类媒体。随着互联网的快速发展，移动通信网络、互联网等开始成为广告的新兴载体。由于大众传媒具有速度快、范围广、影响大等特点，使得广告除了传统的商品和服务推销功能外，还发展成为现代社会的一种文化。作为一种社会现象，广告对社会的影响不仅仅局限于商业领域，它早已超越了作为商品促销工具的狭窄范畴，全面渗透到社会的意识形态领域，对人们的观念世界产生潜移默化的影响。广告已经成为塑造大众信仰、世界观、价值观的最重要媒介之一。因此，规范大众传播媒介的广告发布行为意义非常重大。这次《广告法》的修订中，对规范大众传播媒介发布广告的行为作出了很大努力。具体内容主要有：大众传播媒介不得以新闻报道形式发布广告。通过大众传播媒介发布的广告应当显著标明“广告”，与其他非广告信息相区别，不得使消费者产生误解；广播电台、电视台发布广告，应当遵守国务院有关部门关于时长、方式的规定，并应当对广告时长作出明显提示；广播电台、电视台、报刊音像出版单位、互联网信息服务提供者不得以介绍健康、养生知识等形式变相发布药品、医疗器械、医疗、保健食品广告；禁止在大众传播媒介或者公共场所发布声称全部或者部分替代母乳的婴儿乳制品、饮料和其他食品广告；禁止大众传播媒介发布烟草广告；大众传播媒介有义务发布公益广告。广播电台、电视台、报刊出版单位应当按照规定的版面、时段、时长发布公益广告。大众传播媒介非常多元化，新兴的大众传播媒介也将会随着社会发展不断涌现，而且不同的大众传播媒介涉及到不同的行政主管部门。单纯依靠广告法是不可能将所有大众传播媒介发布广告的行为都作出规定的。需要针对不同的大众传播媒介制定具体的广告发布行为规范。为此，《广告法》授权国务院工商行政管理部门会同国务院有关部门，制定利用大众传播媒介发布广告的行为规范。

第八，强化了广告监管部门的监管责任。这次《广告法》的修订，全面强化了广告监管部门的监管责任。《广告法》第四十九条第二款规定，工商行政管理部门应当建立健全监测制度，完善监测措施，及时发现和依法查处违法广告行为。第五十三条规定，任何单位或者个人有权向工商行政管理部门和有关部门投诉、举报违反本法的行为。工商行政管理部门和有关部门应当向社会公开受理投诉、举报的电话、信箱或者电子邮件地址，接到投诉、举报的部门应当自收到投诉之日起七个工作日内，予以处理并告知投诉、举报人。工商行政管理部门和有关部门不依法履行职责的，任何单位或者个人有权向其上级机关或者监察机关举报。接到举报的机关应当依法作出处理，并将处理结果及时告知举报人。有关部门应当为投诉、举报人保密。第六十八条规定，广播电台、电视台、报刊音像出版单位发布违法广告，或者以新闻报道形式发布广告，或者以介绍健康、养生知识等形式变相发布药品、医疗器械、医疗、保健食品广告，工商部门依照本法给予处罚的，应当通报新闻出版广电以及其他有关部门。新闻出版广电以及其他有关部门应当依法对负有责任的主管人员和直接责任人员给予处分；情节严重的，并可以暂停媒体的广告发布业务。新闻出版广电以及其他有关部门未依照前款规定对广播电台、电视台、报刊音像出版单位进行处理的，对负有责任的主管人员和直接责任人员，依法给予处分。第七十三条规定，工商行政管理部门对在履行广告监测职责中发现的违法广告行为或者对经投诉、举报的违法广告行为，不依法予以查处的，对负有责任的主管人员和直接责任人员，依法给予处分。工商行政管理部门和负责广告管理相关工作的有关部门的工作人员玩忽职守、滥用职权、徇私舞弊的，依法给予处分。有前两款行为，构成犯罪的，依法追究刑事责任。

第九，新增了有关广告行业自律的规定。广告行业自律是广告业发展到一定阶段的必然产物，它对于提高广告行业自身的服务水平，维持广告活动的秩序，都有着不可替代的作用。世界上广告业比较发达的国家都十分重视广告行业自律对于广告业发展的积极意义，行业自律逐步形成系统和规模，不断得到加强和完善。“促进广告业健康发展”是广告法的立法目的之一，行业自律与行政监管对广告业的健康发展而言，两者缺一不可。中国广告协会等行业组织承担着抓自律、促发展，指导、协调、服务、监督的基本职能，在行业自律中起着核心作用。但是原广告法中没有关于广告行业自律的规定，这非常不利于广告行业自律组织作用的发挥。本次修订中，在总则中新增加了第七条，规定“广告行业组织依照法律、法规和章程的规定，制定行业规范，加强行业自律，促进行业发展，引导会员依法从事广告活动，推动广告行业诚信建设”。

第十，新增了对公益广告的规定，公益广告是指政府、社团、媒体、企业及广告公司等主体单独或者合作实施的，为促进社会公益，提高全民素质，宣扬社会主义核心价值观，具有导向性的非营利性的广告活动。公益广告以公共利益为基点，针对社会生活中的问题和矛盾，借助广告的形式提请公众注意进行正确的价值抉择，促成道德追求和社会氛围的提高和改善，以其特殊的方式发挥着传播、教育和导向的社会功能。经过近 30 年的发展，我国公益广告已经进入了稳定发展阶段，但是无论发展程度、运行机制还是制度规范都与公益广告发达国家相去甚远。从现存公益广告法律制度来看，仅有相关部门联合发布的几个规范性文件和个别地方政府颁布的地方政府规章作为监管依据，无论效力层级还是规范内容都有待提升和完善。原《广告法》的适用范围仅限于商业广告活动，这次修订时，呼吁将公益广告纳入本法调整范围的呼声很高。广告法最后将公益广告的内容作为“附则”中的一个条文加以规定，表明了国家“鼓励、支持开展公益广告宣传活动”的态度。同时，将发布公益广告明确规定为大众传播媒介的一项法定义务。要求广播电台、电视台、报刊出版单位应当按照规定的版面、时段、时长发布公益广告。考虑到公益广告行为规范与商业广告行为规范之间存在着较大的差异，广告法没有直接对公益广告进行具体规定，而是授权由国务院工商行政管理部门会同有关部门通过制定专门的公益广告管理办法来规范公益广告活动。

9. 《广告法》修订时删除了哪些条款？

《广告法》这次修订一共删除了三个条款，分别是：

原《广告法》第二十二条：“广告主自行或者委托他人设计、制作、发布广告，所推销的商品或者所提供的服务应当符合广告主的经营范围。”

原《广告法》第二十四条：“广告主自行或者委托他人设计、制作、发布广告，应当具有或者提供真实、合法、有效的下列证明文件：（一）营业执照以及其他生产、经营资格的证明文件；（二）质量检验机构对广告中有关商品质量内容出具的证明文件；（三）确认广告内容真实性的其他证明文件。依照本法第三十四条的规定，发布广告需要经有关行政主管部门审查的，还应当提供有关批准文件”。

原《广告法》第四十八条：“当事人对行政处罚决定不服的，可以在接到处罚通知之日起十五日内向作出处罚决定的机关的上一级机关申请复议；当事人也可以在接到处罚通知之日起十五日内直接向人民法院起诉。复议机关应当在接到复议申请之日起六十日内作出复议决定。当事人对复议决定不服的，可以在接到复议决定之日起十五日内向人民法院起诉。复议机关逾期不作出复议决定的，当事人可以在复议期满之日起十五日内向人民法院起诉。当事人逾期不申请复议也不向人民法院起诉，又不履行处罚决定的，作出处罚决定的机关可以申请人民法院强制执行。”

根据《国务院关于严格控制新设行政许可的通知》要求和监管实际，《广告法》取消对广告经营者的行政许可，仅对从事广告发布业务的广播电台、电视台、报刊出版单位、互联网站进行广告发布登记。基于这一改革的需要，删除了原《广告法》第二十二条和第二十四条。原《广告法》在1995年实施时，我国还没有制定《行政复议法》，因此，原《广告法》第四十八条专门规定了与广告行政有关的行政复议程序。全国人民代表大会常务委员会于1999年颁布实施了《中华人民共和国行政复议法》，对行政复议做了全面和详细的规定，在《广告法》继续保留行政复议的规定已无必要，因此这次修订删除了第四十八条的规定。

10. 新《广告法》对立法目的有没有修订？

新《广告法》第一条开宗明义提出了该法的立法目的，即“为了规范广告活动，保护消费者的合法权益，促进广告业的健康发展，维护社会经济秩序，制定本法。”这与原《广告法》第一条相比，并无实质变化。原《广告法》第一条规定“为了规范广告活动，促进广告业的健康发展，保护消费者的合法权益，维护社会经济秩序，发挥广告在社会主义市场经济中的积极作用，制定本法。”这次修订，将“保护消费者的合法权益”的位置提前，同时删除了“发挥广告在社会主义市场经济中的积极作用”的表述。根据新《广告法》第一条的规定，《广告法》的立法目的有以下三个方面：

第一，规范广告活动。广告是市场经济的润滑剂，与市场经济的发展紧密相连。广告活动已经渗透到现代社会、经济、文化、科学等各个领域。广告不仅仅是商业营销和品牌构建的重要方式，同时也已成为大众文化的重要组成部分，在商品或服务的选择、消费观念的引导，甚至在价值取向的培养等方面都发挥着巨大的影响。广告法律首先应当为广告活动的主体提供行为准则，成为广告活动的行为指南。为此，《广告法》明确了广告活动的主体、广告内容的准则、广告行为规范及相应的法律责任，对广告活动予以全面的规范。

第二，保护消费者合法权益。广告的受众是不特定的公众，但是虚假广告损害的直接对象是消费者，最直接的危害就是对广大消费者安全权、知情权和公平交易权的侵犯。在我国，消费者的合法权益受到法律的保护。因此，《广告法》立法目的之一就是通过规范广告活动来预防和打击虚假广告，保护消费者的合法权益。

第三，促进广告业的健康发展。我国的广告行业虽然起步比较晚，但是在短短20余年里，广告业从无到有，取得了令世人瞩目的成就。市场规模从当初起步时的不足200多亿元发展到现在的5600多亿元，已经成为全世界除了美国之外的第二大广告市场。国家一贯积极支持和扶持广告业的发展，并将广告业列入到文化创意产业，近年来中央财政支持在全国发展了32个国家广告园、国家试点广告园区。广告行业的发展与法律的规范和保护是分不开的。伴随着市场需求的变化以及广告新技术的不断发展，广告行业的发展方向也在不断地做着调整，对法律也提出了新的要求。《广告法》继续将促进广告行业健康发展作为自己的一项重要任务。

11. 新《广告法》在效力范围上有没有变化？

法律的效力范围通常是指法律的对事效力、时间效力、对人的效力和空间效力。

从对事效力角度来看，新《广告法》的效力范围略有扩大。原《广告法》只调整商业广告，即第二条规定“本法所称广告，是指商品经营者或者服务提供者承担费用，通过一定媒介和形式直接或者间接地介绍自己所推销的商品或者所提供的服务的商业广告。”原《广告法》对公益广告及其他非商业广告不予调整，对广告行业自律也没有规定。新《广告法》主要的调整对象还是商业广告，即第二条规定：“在中华人民共和国境内，商品经营者或者服务提供者通过一定媒介和形式直接或者间接地介绍自己所推销的商品或者服务的商业广告活动，适用本法。”但是新《广告法》在总则和分则中分别对行业自律和公益广告进行规定。新《广告法》总则第七条规定：“广告行业组织依照法律、法规和章程的规定，制定行业规范，加强行业自律，促进行业发展，引导会员依法从事广告活动，推动广告行业诚信建设。”附则第七十四条规定：“国家鼓励、支持开展公益广告宣传活动，传播社会主义核心价值观，倡导文明风尚。大众传播媒介有义务发布公益广告。广播电台、电视台、报刊出版单位应当按照规定的版面、时段、时长发布公益广告。公益广告的管理办法，由国务院工商行政管理部门会同有关部门制定。”

从时间效力来看，新《广告法》2015 年 4 月 24 日第十二届全国人民代表大会常务委员会第十四次会议通过修订，于 2015 年 9 月 1 日开始施行。

从对人的效力来看，新《广告法》第二条规定：“广告主、广告经营者、广告发布者在中华人民共和国境内从事广告活动，应当遵守本法。”新《广告法》的主要调整对象是广告主、广告经营者、广告发布者、广告代言人。当然，《广告法》还对政府行政管理部门、广告自律组织、消费者组织的职能作出了规定。这些主体也都必须遵守广告法的规定。

从空间效力来看，新《广告法》在“中华人民共和国境内”具有普遍的约束力。这里“境内”不包括中国香港特别行政区、中国澳门特别行政区和中国台湾地区。

12. 如何界定商业广告?

按广告活动的目的是否具有盈利性来划分，可以将广告分为非商业性广告和商业性广告。非商业性广告包括公益广告、政治广告、社团活动广告、个人启事广告等；商业性广告又分为商品广告和服务广告。

《广告法》的调整对象是“商业广告活动”。商业广告具有两个显著特点：

第一，广告的目的是为了介绍自己推销的商品或者提供的服务，介绍的方式，可以是直接介绍，也可以是间接介绍。“介绍自己推销的商品或者提供的服务”是商业广告区别于其他非商业广告的本质特征。

第二，商业广告是通过一定的媒介或者形式来“介绍自己推销的商品或者提供的服务”，进行广告宣传的。

新《广告法》将商业广告界定为“商品经营者或者服务提供者通过一定媒介和形式直接或者间接地介绍自己所推销的商品或者服务的商业广告活动”，而原《广告法》的表述为“商品经营者或者服务提供者承担费用，通过一定媒介和形式直接或者间接地介绍自己所推销的商品或者所提供的服务的商业广告。”两者相比较，新《广告法》不再把“商品经营者或者服务提供者承担费用”作为衡量商业广告的一个条件。

在2010年，《全国人大法工委〈关于如何理解广告法第二条第二款规定的请示〉的意见》认为，原《广告法》第二条第二款规定，是对商业广告自然属性的客观描述，反映的是“在市场经济条件下，商业广告作为广告主推销商品或者服务的市场活动，所发生的费用理应由广告主来承担”的客观情况。只要是通过一定媒介和形式直接或者间接地介绍商品经营者所推销的商品或者服务提供者所提供的服务的商业广告，无论是否有商品经营者或者服务提供者承担广告费用的事实，均由《广告法》调整。如果认为付费是广告的必要条件，会使目前业已存在的一些现象，比如媒体单位出具未收取广告费证明，宣称违法广告不是《广告法》所称“广告”，不适用《广告法》规定，逃避广告监管的现象愈演愈烈，并导致《广告法》在规范广告市场秩序方面的重要作用得不到有效发挥的严重后果。此次《广告法》的修订删除了广告的付费属性，解决了上述监管的问题。

实践中，广告形式非常多样化，例如原生广告、隐性广告、植入广告。很难给广告下一个准确的定义。为了避免歧义，新《广告法》也没有对“广告”作出定义性规定，给司法实践和实际应用中对“广告”理解留下一定的空间。

13. 广告活动的法律主体主要有哪些？

根据《广告法》的规定，广告活动本身的主体包括广告主、广告经营者、广告发布者、广告代言人。广告主是指为推销商品或者服务，自行或者委托他人设计、制作、发布广告的自然人、法人或者其他组织。广告经营者是指接受委托提供广告设计、制作、代理服务的自然人、法人或者其他组织。广告发布者是指为广告主或者广告主委托的广告经营者发布广告的自然人、法人或者其他组织。广告代言人是指广告主以外的，在广告中以自己的名义或者形象对商品、服务作推荐、证明的自然人、法人或者其他组织。

为了保护消费者的合法权益，解决广告活动的监督管理问题，《广告法》还对国家行政管理部门、广告行业组织、消费者组织的职能作了规定。广告行业组织的作用在于加强行业自律，促进行业发展，引导会员依法从事广告活动，推动广告行业诚信建设。消费者组织包括消费者协会和其他消费者组织，对广告活动具有社会监督职能。

总之，广告法律主体主要有：广告主、广告经营者、广告发布者、广告代言人、政府管理部门、广告行业自律组织和消费者组织。

14. 何谓广告主？

《广告法》中的广告主，是指为推销商品或者服务，自行或者委托他人设计、制作、发布广告的自然人、法人或者其他组织。这里的自然人是指个人，包括中国公民、外国公民、无国籍人。法人是具有民事权利能力和民事行为能力，依法独立享有民事权利、承担民事义务的组织。法人一般分为企业法人和非企业法人，作为广告主的法人通常是企业法人，非企业法人中的事业单位法人有时也作为广告主参加广告活动。其他经济组织是指不具有法人资格的非个人经济组织。在广告活动中，广告主可以自己设计、制作、发布广告，也可以委托设计、制作、发布广告。

广告主还可以分为区域性广告主、全国性广告主、跨国性广告主。区域性广告主是指只在国内某一区域内开展广告活动，并且在那一区域进行销售的某些企业。全国性广告主是指在全国范围内开展广告活动的广告主。全国性广告主更加注重利用广告活动树立自己的品牌，更加注重利用广告活动抢占市场份额，形成一种长期的广告效应。跨国性广告主的销售活动面向国际市场，广告活动也面临着不同国家的不同消费者。一般来说，跨国性的广告主都是大型的跨国公司，要采取国际化架构来进行广告活动，采用多品牌战略，聘用熟知当地市场的广告代理公司，来进行营销活动。

广告主也叫广告客户，是广告活动的发起人，也是广告公司的客户。他们为了推销商品或者服务而发起广告活动，有时为了在推销产品的基础上建立自己的品牌形象而发起广告活动。广告主为商业广告活动买单付款，通过各种媒介来宣传自己的产品和服务。规模稍大的广告主也会有自己专门的广告部门，这些广告主有能力自行设计、制作、发布广告。

15. 何谓广告经营者？

《广告法》规定的广告经营者，是指接受委托提供广告设计、制作、代理服务的自然人、法人或者其他组织。广告经营者也就是广告公司，也叫广告代理公司，是由专门从事广告营销策划、广告作品以及其他促销工具的准备与制作的创意人员和经营者组成的独立机构。广告公司代表不同广告主，向各种媒介购买广告时段和广告位，为广告主的产品和服务寻找顾客。

根据能够提供的服务能力来划分，可以将广告公司分为专门服务广告公司和全面服务广告公司。专门服务广告公司是针对广告活动的某些环节而专门成立的广告公司，这些广告公司有针对性的提供广告服务。比如创意工作室，这样的广告公司为广告主提供广告创意并制作别出心裁的广告作品。这样的创意工作室的优势在于其平面设计师和文案人员等有很强的创作能力，更容易催生出令人心动的广告作品。全面服务广告公司是指规模较大的综合性广告代理公司，这些广告公司可以提供传播和促销方面的全方位广告和非广告服务。其提供的广告服务包括广告策划、广告创意、广告制作、市场调查和媒介选择；非广告服务包括公关、展会等营销活动。

根据服务的范围来划分，可以将广告公司分为区域性广告公司、全国性广告公司和跨国广告公司。区域性广告公司集合地区客户和媒介优势，为本地区的广告主提供广告设计、制作、代理服务。全国性广告公司可以制作并发布适用于全国性的广告。跨国广告公司则可以为自己的客户提供国际化或者全球化服务。

广告经营者独立于广告主和广告发布者（媒介），其优势在于在多元化市场的条件下，能以一种专业、客观的视角为众多的广告主提供营销解决方案，这是广告主自身无法做到的。广告公司既有创意方面的人才，也有市场调研人员、媒介分析人员、文案人员，还跟广告拍摄、录音和印刷等专业的下游公司保持合作。这些都为广告主提供了优质的服务，使得大多数广告主都采用广告公司这样的广告经营者进行广告活动。

16. 何谓广告代言人？

原《广告法》中对于广告代言人没有明确的法律规制条款，导致现实中有很多明星代言的案件被起诉到法院之后，因为没有合适的法律条款，无法对代言人追究法律责任。例如，江西消费者吕萍诉宝洁公司及SK－II产品代言人刘嘉玲案。吕女士声称其出于对刘嘉玲的信任，选购了紧肤抗皱精华乳。刘嘉玲在广告中介绍该产品“连续使用28天，皱纹减少47%，肌肤年轻12年。”而吕萍在使用了该产品以后，不但没有获得预期的效果，反而感到皮肤瘙痒和部分灼痛。因此，吕萍要求宝洁公司和刘嘉玲赔偿其经济及精神损失。但是，依据原《广告法》，很难对广告代言人作出承担法律责任的判决。因为原《广告法》没有关于广告代言人及其相关法律责任的相关规定。消费者只能依据《消费者权益保护法》第四十五条规定，提起诉请。但是按照《消费者权益保护法》的规定，广告代言人承担法律责任的范围仅限于关系消费者生命健康商品或者服务的虚假广告，其他广告代言行为仍无法可依。

新《广告法》中新增了关于广告代言人的相关规定。《广告法》第二条规定了“广告代言人”的定义，即“本法所称广告代言人，是指广告主以外的，在广告中以自己的名义或者形象对商品、服务作推荐、证明的自然人、法人或者其他组织。”根据这一规定，可以从三个方面来界定广告代言人：第一，广告代言人是广告主之外的自然人、法人或者其他组织；第二，广告代言人以自己的名义或者形象进行广告代言；第三，广告代言具体表现为“对商品、服务作推荐、证明”。在广告实践中，需要注意区分广告代言与表演。并非在广告中出现的人物都是广告代言人。一方面，在广告中出现、但未使用自己名义或形象的人不属于广告代言人；另一方面，在广告中出现，但未对商品、服务作推荐、证明行为的人，也不是广告代言人。

17. 新《广告法》对广告代言提出了哪些具体要求?

新《广告法》除明确了广告代言人的含义外，还对广告代言行为作出了许多具体规定，归纳起来主要有：

第一，如实推荐其代言产品。广告代言人要向消费者如实推荐、证明其代言的产品或服务的功效。反映自己真实的意见，不得捏造或者歪曲事实。真实性是广告代言人在参与广告活动的基本行为准则，也是《广告法》的基本准则之一。

第二，使用后才能代言。广告代言人大多数是具有公信力的公众人物，在广告代言中充当意见领袖的角色，会对消费者的购买行为产生重大影响，能够左右消费者的购买行为。代言人应该是其代言产品或服务的真实使用者。只有亲身使用产品或服务，才能得出真实、客观的评价。所以新《广告法》要求代言人必须使用后才能代言。

第三，不得利用不满十周岁的未成年人作广告代言。不满十周岁的未成年人也是民法上规定的无民事行为能力人。这一条看似是对广告代言人的限制，其实更体现了《广告法》对未成年人群体的保护。实践中，使用未成年人作为代言人的广告，大都是针对未成年人的产品或服务。这类产品或服务广告的受众主要有两部分群体：一是未成年人的家长们，他们其实是这些产品的实际购买者；二是未成年人，他们是产品的实际消费者。未成年人代言广告具有很强的示范效应，这些小消费者们很容易受到广告中“小伙伴”的影响，从而产生消费欲望，并使得家长们产生购买行为。在这一过程中，代言人们起到非常重要的作用。禁止利用不满十周岁的未成年人代言也是出于对这些代言人本身的一种保护。过早接触商业活动，会对他们的正常成长生活带去诸多影响。禁止代言也是希望他们能够健康成长，不被商业活动所影响。

第四，药品、医疗、医疗器械、保健食品广告不得代言。医药广告曾经是虚假广告的重灾区。几乎所有的虚假医药广告都会利用患者、专家、名人做代言进行使用效果的证明、推荐。保健品广告也会采用代言人推荐、证明的方式进行宣传。而且广告中会有意识的将保健食品广告附加药品效果的保证，使得保健食品与药品广告的界限模糊不清，误导消费者。

18. 广告活动应当遵循哪些基本原则?

《广告法》第三条规定:“广告应当真实、合法,以健康的表现形式表达广告内容,符合社会主义精神文明建设和弘扬中华民族优秀传统文化的要求。”第五条规定:“广告主、广告经营者、广告发布者从事广告活动,应当遵守法律、法规,诚实信用,公平竞争。”这是对广告法基本原则的规定。

第一,真实性原则。真实性原则是广告法最为核心的原则。所谓广告的真实性,是指广告活动必须真实地、客观地宣传有关商品或者服务的情况,而不能作虚假的传播。广告的真实性包括两个层面:首先是广告产品的真实,要求广告所介绍和推销商品或服务客观存在,真实可靠。其次是广告表现要真实,要求广告在产品的信息选择和传递方式上是真实的。商品和服务的信息有很多,需要把最为重要的信息传达给受众,不能只选择最吸引消费者的信息而规避不想让消费者了解的信息。比如房地产广告,出卖人就商品房开发规划范围内的房屋及相关设施所作的说明和允诺具体确定,并对商品房买卖合同的订立以及房屋价格的确定有重大影响的宣传资料会被视为合同,如果这种宣传资料,与实际开发建设的不一致,那么就有欺骗消费者的嫌疑。这是一种欺骗消费者的行为,会承担相应的法律责任。广告是创意产业,在广告表现中存在着真实与艺术夸张、完全真实与部分真实等矛盾。广告创意有时候要求广告采用夸张的手法,但夸张必须有限度,即常人应当能够很容易识别出这是夸张,不能误导消费者使其认为这种夸张是真实的,广告不能传达暗示性的信息或利用公众缺乏专门知识来误导公众。

第二,合法性原则。广告的合法性是指广告的设计、制作、发布等广告行为必须符合法律的规定。具体来说,就是要求广告主、广告经营者、广告发布者以及广告代言人在进行广告活动时,必须遵守法律。广告的合法性主要体现在四个方面:首先,广告活动的主体资格要符合法律规定。本法第三十二条规定:“广告主委托设计、制作、发布广告,应当委托具有合法经营资格的广告经营者、广告发布者。”根据这一规定,广告经营者、广告发布者应当具备法定的经营资格。其次,被广告的商品或者服务应当是国家许可的。法律、行政法规规定禁止生产、销售的商品或者提供的服务,以及禁止发布广告的商品或者服务,不得设计、制作、发布广告。第三,广告的表现形式和内容,如语言、文字、画面等,应当符合法律规定。最后,广告的发布程序要符合法律规定。药品、保健食品、医疗器械、农药、兽药、医疗等广告必须经过广告审查后,方可发布。合法性是社会主义市场经济活动的一个基本原则,广告活动也必须遵守。

第三，诚实信用原则。诚实信用原则是民法的基本原则之一，也是我国社会主义精神文明建设的一个要求。诚实信用原则要求广告活动主体在进行广告活动时，应当讲诚实、守信用，以善意的方式履行自己的义务。诚实信用的原则，一方面要求广告活动中的当事人双方之间必须讲诚实守信，认真履行《广告合同》约定的合同义务；另一方面要求广告活动的主体在设计、制作、发布广告时，也必须讲诚信，不得弄虚作假欺骗和误导消费者。

第四，公平竞争原则。公平原则是我国所有的民事活动都要遵循的一个原则，因此，也应当是广告活动必须遵循的一个原则。广告行业是一个竞争非常激烈的行业。公平竞争原则具体体现为要求广告活动主体要依法开展“公平竞争”，不得进行不正当竞争。根据《中华人民共和国反不正当竞争法》（简称《反不正当竞争法》）的规定，不正当竞争是指经营者违反《反不正当竞争法》的规定，损害其他经营者的合法权益，扰乱社会经济秩序的行为。不正当竞争行为是市场经济中常见的违法行为，在市场经济活动中的各个领域都有所表现，广告这种经济活动中也不例外。广告中的不正当竞争行为是指在广告市场竞争中，广告活动主体采用虚假、欺骗、损人利己等不正当手段牟取经济利益，损害其他广告活动主体和消费者的利益，扰乱广告市场正常经营秩序的行为。

19. 广告活动应当遵守哪些道德准则?

法律是道德的最低标准。广告活动仅仅遵守法律规定是不够的，广告主、广告经营者、广告发布者、广告代言人还应该遵守基本的广告道德准则。广告中最重要的道德准则主要体现在广告真实性、未成年人保护、特殊产品广告等。

在谈论广告道德准则时，首先要关注的是广告真实性的问题，《广告法》对广告真实性的规定只是最低的标准。在广告实务中，情况较为复杂，对于真实性的理解是模糊的，所以有很多广告都在打擦边球，利用与消费者的信息不对称，传达误导性甚至欺骗性的信息。《广告法》第四条规定，广告不得含有虚假或者引人误解的内容，不得欺骗、误导消费者。那么误导性、欺骗性广告的标准是什么？广告的艺术性和广告真实性之间的联系是什么？什么样的广告是艺术性的夸张，什么样的广告是欺骗性的夸大？在广告实务中，往往很难界定上述问题的标准。举个例子，在化妆品广告中，模特有着近乎完美的面庞。广告主为了最好的视觉效果，对广告照片进行处理早已成为行业内不公开的“明规则”。对于这种过度采用后期图像处理技术，就有误导消费者的嫌疑。在英国境内，法国化妆品欧莱雅旗下品牌美宝莲和兰蔻的平面广告就因后期美化过度涉嫌误导消费者而遭到禁播。我国目前对于此类广告是否为误导广告，甚至为虚假广告还存在争议。或者说，何种程度的后期处理才不会使消费者产生误解，还没有相关的法律规定进行规制。那么这就要求，广告主在利用广告宣传其产品时要遵守广告真实性的道德标准，让消费者能够了解产品的真实功能、效用。不至于看过广告后，产生认识错误从而购买广告主的商品。

其次，是未成年人保护问题。大众媒介上发布广告，受众中有相当多一部分是儿童。出于对未成年人的身心成长的考虑，公众会对大众媒介的广告提出更高的道德上的要求。考虑到未成年人的身体健康、行为习惯等方面，会对相关的食品广告、特殊商品广告，广告中代言人和演员的行为动作加以限制，或是在特殊时段不允许某些品类商品的广告播出。在美国20世纪90年代曾经出现过一个针对儿童广告限制的组织——儿童电视行动组织。该组织促成了美国1990年的《儿童电视节目法案》。在美国，麦当劳等大型食品和饮料商曾签署过《食品和饮料广告倡议书》，倡议公司自愿告知儿童的肥胖问题。倡议书中还有一项关键条款，即食品和饮料上将拿出一半的儿童广告费用用于宣传更加健康的饮食。

还有一个广告道德规范领域是关于争议产品的广告，诸如烟草、酒类、药品广告。我国在2003年加入了《烟草控制框架公约》，为了配合该公约的实施，新《广告法》加强了对烟草广告的禁止力度，广泛禁止了烟草广告。酒类作为特殊商品，过多的饮用会对人体产生危害。对于酒类广告，广告活动主体承担着对人们饮酒适量宣传的义务。新《广告法》对药品广告也有严格的限制，规定特殊类型的药品不可以做广告，处方药只能在指定的医学、药学专业刊物上作广告。除了《广告法》对药品广告的规定以外，医药广告的广告主还应该在广告中更多的承担普及药品知识、合理用药的义务。

20. 怎样理解广告主对广告内容真实性负责？

广告主是为推销商品或者提供服务，自行或者委托他人设计、制作、发布广告的法人、其他经济组织或者个人。广告主是广告活动的发起人和原动力，对自己推销商品或者服务的真实情况是最了解的，由广告主对广告内容真实性进行把关是最直接和最有效的。因此新《广告法》第四条规定：“广告不得含有虚假或者引人误解的内容，不得欺骗、误导消费者。广告主应当对广告内容的真实性负责。”新《广告法》规定广告主对广告内容真实性负责，主要是强调广告主是广告内容的第一责任人，但是并不意味着其他广告活动主体对广告内容的真实性可以不负责任。新《广告法》第三十四条第二款规定：“广告经营者、广告发布者依据法律、行政法规查验有关证明文件，核对广告内容。对内容不符或者证明文件不全的广告，广告经营者不得提供设计、制作、代理服务，广告发布者不得发布。”第三十八条第一款规定：“广告代言人在广告中对商品、服务作推荐、证明，应当依据事实，符合本法和有关法律、行政法规规定，并不得为其未使用过的商品或者未接受过的服务作推荐、证明。”否者，均应依法承担法律责任。

“广告主应当对广告内容的真实性负责”包括两层含义：第一，广告主对广告内容的真实性负有首要责任，如果构成虚假广告，给消费者造成损害，广告主应当首先承担法律责任，其他广告活动主体依法与广告主承担连带责任。新《广告法》第五十六条规定：“违反本法规定，发布虚假广告，欺骗、误导消费者，使购买商品或者接受服务的消费者的合法权益受到损害的，由广告主依法承担民事责任。广告经营者、广告发布者不能提供广告主的真实名称、地址和有效联系方式的，消费者可以要求广告经营者、广告发布者先行赔偿。关系消费者生命健康的商品或者服务的虚假广告，造成消费者损害的，其广告经营者、广告发布者、广告代言人应当与广告主承担连带责任。前款规定以外的商品或者服务的虚假广告，造成消费者损害的，其广告经营者、广告发布者、广告代言人，明知或者应知广告虚假仍设计、制作、代理、发布或者作推荐、证明的，应当与广告主承担连带责任。”第二，广告主对广告内容的真实性负有举证义务，并承担因对广告内容真实性举证不能而带来的不利后果。

21. 广告行政监督管理具有哪些特征？

广告行政监督管理是指国家的广告监督管理机关依据法律、行政法规代表国家对广告活动进行监督和管理的行为，具有四个特征：第一，广告行政监督管理机关是代表国家对广告活动进行监督管理的行政部门。根据新《广告法》的规定，国务院工商行政管理部门主管全国的广告监督管理工作，国务院有关部门在各自的职责范围内负责广告管理相关工作。县级以上地方工商行政管理部门主管本行政区域的广告监督管理工作，县级以上地方人民政府有关部门在各自的职责范围内负责广告管理相关工作。第二，广告行政监督管理必须依法进行。广告行政监督管理活动属于执法活动，根据依法行政的原则，必须要依法进行。第三，广告行政监督管理具有强制性。广告监督管理体现的是国家管理社会事务的意志，并由法律、行政法规保证实施，广告活动的主体必须接受广告监督管理，并给与配合和协助。第四，广告行政监督管理具有综合性。广告监督管理并不局限于广告活动的某一个方面，而是贯彻于广告活动的全过程，包括事前审查、事中监管监测、事后检查处理等。

22. 广告自律组织的主要职能是什么？

新《广告法》第七条规定："广告行业组织依照法律、法规和章程的规定，制定行业规范，加强行业自律，促进行业发展，引导会员依法从事广告活动，推动广告行业诚信建设。"这是《广告法》新增的条款。广告行业自律，是指广告活动主体以行业普遍认可的行为规范，或者以行业组织依程序制定的广告活动规则为标准，进行自我约束和自我管理。广告行业自律的主体是作为广告行业组织成员的广告主、广告经营者、广告发布者及其他参与广告活动的单位和个人。广告行业自律的依据是广告行业组织制订的章程、规定和广告行业共同订立的公约、准则等。广告行业自律是广告业发展到一定阶段的必然产物，世界上广告业比较发达的国家都十分重视广告行业自律对于广告业发展的积极意义，行业自律逐步形成系统和规模，不断得到加强和完善。

中国广告协会创立于 1983 年 12 月 27 日，是中国广告界的行业组织，是经国家民政部登记注册的非盈利性社团组织。协会由全国范围内具备一定资质条件的广告主、广告经营者、广告发布者、与广告业有关的企事业单位、社团法人等自愿组成。中国广告协会承担着抓自律、促发展，指导、协调、服务、监督的基本职能。主要任务是：制定行业自律规定，规范经营行为，开展争创文明先进单位活动，促进广告市场健康有序的发展；开展企业资质评审活动，扶植优势企业发展，促进产业结构的优化调整；抓好行业培训工作，提高从业人员的业务素质；加强广告学术理论研究，积极开展中外广告学术理论交流，促进和引导中国广告思想理论的发展；开展国际交流与合作，与世界各国广告协会建立联系，代表中国广告界参加世界广告组织和活动，组织中国广告界参加国际性的广告赛事；开展广告发布前咨询工作，为广告主、广告公司、媒介广告部提供法律援助；开发信息资源，建立信息网络，为行业提供信息服务；积极参与广告业的立法立规工作，向政府有关部门反映会员单位的意见和要求，提出合理建议；及时传递行业管理信息，发布行业统计数据，促进广告思想理论的发展和经营秩序的规范。

除了中国广告协会之外，目前全国性的行业组织还有中国商务广告协会和中国广告主协会。

23. 广告在介绍商品或服务时应遵循哪些基本要求?

新《广告法》第八条第一款规定:“广告中对商品的性能、功能、产地、用途、质量、成分、价格、生产者、有效期限、允诺等或者对服务的内容、提供者、形式、质量、价格、允诺等有表示的,应当准确、清楚、明白。”这是广告真实性原则的具体体现,广告内容应当做到准确、清楚、明白。准确是指广告主对商品或服务进行正确的介绍,不得提供错误信息;清楚是指广告所传达的信息条理分明,使普通消费者能够清楚地理解,不会引起判断上的混乱;明白是指广告意思表达直截了当,广告用语浅显易懂,没有深奥晦涩的词汇。对于消费者而言,辨别商品和服务的好坏或者决定是否消费,最主要就是基于对商品的性能、功能、产地、用途、质量、成分、价格、生产者、有效期限、允诺等或者对服务的内容、提供者、形式、质量、价格、允诺等方面信息的判断和认识。而不同的商品在性能、产地、用途、质量、价格等方面有很大的差异,不同服务的内容、形式、质量、价格等方面也存在较大的区别。如果广告不能准确标识清楚这些内容,就可能产生对消费者的误导。例如,广州瑞佳公司为销售港澳中心商铺,在其设立的项目销售中心,通过现场派送宣传海报、短信群发、媒体宣传等方式推介港澳中心项目的优势,同时在《广州日报》发布了多期销售广告。这些广告将瑞佳公司在售的港澳中心商铺描述为“10 万方马会家居经营”“香港名品免税集团进驻经营”。“10 万平方米马会家居经营”,容易引起公众歧义。公众在看到这条广告语时会误认为管理者为马会家居,事实上马会家居仅仅是参与管理。同时“香港名品免税集团进驻经营”广告语也未明确标明港澳中心商铺的经营者究竟为谁。据此,广州市工商局责令其停止发布该则广告并进行了一定数额的罚款。

针对商品的质量、成分、价格或服务的内容、提供者、形式等的规定,其他法律也作出了与广告法相对应的规定。《反不正当竞争法》规定:“经营者不得利用广告或者其他方法,对商品的质量、制作成分、性能、用途、生产者、有效期限、产地等作引人误解的虚假宣传。”《消费者权益保护法》规定,“经营者向消费者提供有关商品或者服务的质量、性能、用途、有效期限等信息,应当真实、全面,不得作虚假或者引人误解的宣传。经营者以广告、产品说明、实物样品或者其他方式表明商品或者服务的质量状况的,应当保证其提供的商品或者服务的实际质量与表明的质量状况相符。”《产品质量法》规定,产品或者包装上的标识必须真实,根据产品的特点和使用要求,“需要标明产品规格、等级、所含主要成分的名称和含量的，用中文相应予以标明；需要事先让消费者知晓的，应当在外包装上标明，或者预先向消费者提供有关资料。”本条第一款从广告的内容表述上提出了具体要求，即广告中对商品的性能、功能、产地、用途、质量、成分、价格、生产者、有效期限、允诺等或者对服务的内容、提供者、形式、质量、价格、允诺等有表示的，应当准确、清楚、明白。这实际上是对广告法真实性原则具体要求的阐述。

24. 《广告法》对赠品广告有何要求？

为刺激消费者的消费，促使其购买或者接受自己提供的商品或者服务，经营者在推销自己的商品或者服务时常常采取赠品广告的形式进行产品宣传。所谓赠品广告即企业在推销商品、提供服务时采取附带赠送礼品的一种营销手段。在广告活动中赠品广告这种促销手段成功的吸引了多数消费者，在社会上产生了一定的影响，由此也引发一些问题。有些经营者在进行广告宣传时，没有明确说明附带赠送什么样的礼品或者赠送礼品的数量，使一些消费者产生了误解。在购买了商品、接受服务的情况下没有获得应得的礼品，或者获得的礼品不是自己想要的东西等等。现实生活中典型情形即是多数商家组织的“买一赠一”活动。广告中宣称“买一送一”，却不明确标明赠送的品种、数量、价值或有效期限，消费者一般都会将“买一送一”理解为赠送与所购买产品同等的产品，即以一件产品的价格购买两件同等产品。但实际上，广告中宣称的“送一”，往往并非指同等产品，而是价格低廉、存在瑕疵或有效期将至的另类产品，有的甚至将“赠送”的商品价格暗中包括在“购买”的商品价格之内。例如，李某到甲商场购买空调，促销标牌上清楚标明：“空调买一赠一，赠品数量有限，送完为止。”李某误认为赠送同款空调一台，欣然购买了此款空调。李某付款后，销售员告诉李某空调是上门安装，赠品也于安装当日送达。李某便回家等待。可谁知安装空调那天安装人员带来的赠品为一台电风扇，并非同款空调。于是李某向当地工商部门举报了该品牌空调，工商部门随后责令该品牌空调停止发布广告并对其进行了一定数额的罚款。消费者权益受到赠品广告侵害的情形还有很多。再比如，有些推销广告有附带赠送的内容，当消费者去购买这种商品或接受服务的时候，才发现广告中赠送的内容是附条件的，而这些条件往往并不是消费者愿意接受的。

为防范上述不规范的赠品广告行为，新《广告法》第八条第二款明确规定“广告中表明推销的商品或者服务附带赠送的，应当明示赠送的品种、规格、数量、有效期限和方式。”正确理解这一规定，需要把握以下几点：首先，赠品质量应当有所保障。对广告活动主体而言，即使是赠送的礼品，该礼品也应当保证质量，不得以劣质产品作为赠品；其次，赠品的基本参数应当明示。广告内容应当明确表明赠品的品种、规格、数量、有效期限和方式，不得误导消费者。

25. 为什么要禁止在广告中使用或者变相使用国旗、国徽和国歌等？

《广告法》明确禁止在广告中“使用或者变相使用中华人民共和国的国旗、国徽、国歌、军旗、军徽、军歌”。

国旗、国徽、国歌集中反映了一国的政治、历史文化和社会等内容，是主权国家的重要象征和标志，体现着国家和民族的尊严，为本国人民所敬仰，也为国际社会所尊重。我国《宪法》规定，中华人民共和国国旗是五星红旗；国歌是《义勇军进行曲》；国徽的中间是五星照耀下的天安门，周围是谷穗和齿轮。为保卫国旗、国徽和国歌的威严，我国多部法律作了明确规定，比如《国旗法》第十八条规定，“国旗及其图案不得用作商标和广告”；《国徽法》第十条第一款规定，“国徽及其图案不得用于商标、广告”。广告不得使用国旗、国徽、国歌是指完全不得使用，即国旗及其图案、国徽及其图案、国歌及其歌词与曲谱等均不得整体或部分被用在广告中。虽然法律禁止使用或变相使用国旗、国歌和国徽，但是实际广告活动中违法使用的情形也屡见不鲜。例如北京奥运会期间，某市百老汇娱乐会所在西安大街上发布街头广告。巨幅广告牌出现在西安大街上，红旗形象占据整个广告背景超过1/3的面积。红旗广告牌上写着“K歌畅饮，纵情奥运，为中国加油，抢座电话……”、“至上品位，无限尊贵！就在百老汇娱乐会所”、“欢唱三小时再送一小时”。此外红旗图像上方还配有一些人物狂欢的形象。该广告将国旗用作广告背景即属于违法“使用”国旗的情况，工商部门对其进行了行政处罚，责令拆除该广告牌并进行了罚款。

原《广告法》仅禁止使用国旗、国歌和国徽，新《广告法》在此基础了增加禁止使用或者变相使用军旗、军歌和军徽的规定。《中国人民解放军内务条令》规定：“军旗包括中国人民解放军军旗和陆军军旗、海军军旗、空军军旗。军旗是中国人民解放军的标志，是中国人民解放军荣誉、勇敢和光荣的象征。……中国人民解放军军徽是中国人民解放军的象征和标志。……中国人民解放军军歌是中国人民解放军性质、宗旨和精神的体现。”军旗与军徽象征我国军队和建制，越来越具有国家性、政治性。军歌激励战斗精神，规范军人行为，培育核心价值观。为捍卫军旗、军歌和军徽的庄严性，维护军队标志的尊严，同时避免误导消费者，《广告法》明确禁止在广告中使用军旗、军徽、军歌。需注意的是在我国法律体系中，不仅仅是《广告法》禁止在广告中使用或变相使用军旗、军歌和军徽，其他法律中也有相关规定。比如《商标法》第十条规定，与军旗、勋章相同或者近似的标志不得作为商标使用。《中国人民解放军内务条令》也规定："禁止将军徽用于商业广告和有碍军徽庄严的装饰或者场合。……军歌不得用于商业活动"。

26. 如何理解广告不得"使用或变相使用国家机关、国家机关工作人员的名义或形象"？

《广告法》规定，广告不得使用或者变相使用国家机关、国家机关工作人员的名义或者形象。在理解这条准则的规定时需要把握以下几点：

第一，国家机关是指依照宪法和组织法的规定设置的，行使国家权力、实现国家职能的机关。在我国，按照国家机关的不同职能，可以分为立法机关、行政机关、司法机关和军事机关。我国国家权力机关包括全国人大及其常务委员会、地方各级人民代表大会及其常务委员会和各专门委员会及其办事机构。行政机关通常简称"政府"，是国家机构的基本组成部分，是依法成立的行使国家行政职权的行政组织，包括政府以及有关功能部门。具体说来包括国务院及其所属各部、委各直属机构和办事机构；派驻国外的大使馆、代办处、领事馆和其他办事机构；地方各级人民政府及其所属的各工作部门；地方各级人民政府的派出机构；其他国家行政机关。司法机关是行使国家司法权的机关，在我国主要包括法院和检察院。国家机关工作人员是指在上述国家机关中从事公务的人员，如国务院及其所属部、委、局和地方各级人民政府及其所属管理机构中从事公务的人员。

第二，国家机关代表国家从事管理活动，国家机关的工作人员具体执行国家管理社会事务的职能，国家机关及其工作人员的公务活动体现的是国家的意志，代表国家利益和社会公共利益，地位和身份特殊，在社会经济生活中具有重要的影响。如果允许以国家机关和国家机关工作人员的名义或者形象做广告或变相做广告，不仅会影响国家机关和国家机关工作人员的公平、公正形象；同时会对广告消费者造成重大误解，同时对其他企业也会构成不正当竞争。因为基于对政府及其工作人员的信赖，消费者往往会改变原先的消费选择。因此，为了维护国家的尊严，保证国家机关和国家机关工作人员正确行使职权，应当严格禁止使用国家机关和国家机关工作人员的名义或形象进行广告宣传。凡客诚品曾在官方网站推出一种系列T恤，用国家领导人图片做大幅广告，并在系列T恤上使用了中外多名领导人的人物形象和经典语录等元素。工商部门认为，凡客公司在网站商品促销宣传中使用国家领导人形象的做法，违反了《广告法》中不得使用国家机关和国家机关工作人员的名义发布广告的规定，并对该公司的违法行为依法进行了处理。

第三，《广告法》规制的对象是商业广告。在公益广告等非商业广告中是允许使用国家机关或国家机关工作人员的名义或者形象的，但是应当遵守相关法律规定。已故或者已经离职的国家机关工作人员的名义、形象也不得被使用或变相使用在商业广告中，因为他们的广告效果是一样的；我国《中国人民解放军内务条令》规定："不得以军人的名义、肖像做商业广告。"因此，军人的名义和形象也不可以用作商业广告宣传。

27. 广告中为什么不得使用最高级用语？

消费者总是希望可以买到物美价廉的商品或接受最好的服务，在商业竞争激烈的社会，经营者正是利用了消费者的这种消费心态，都希望通过广告为自己的商品或服务打造"最好"的形象，以此吸引更多的消费者。因此，在广告中常常会出现"国家级"、"最高级"、"最佳"等用语。但是在现实生活中，商品和服务质量的好坏，不是经营者自己说了算，最终需要通过广大消费者、市场经济的参与者来检验、评判。所谓"国家级"产品一般只是国家部委批准生产或销售的商品，并不能代表商品质量达到何种程度。在广告中使用"国家级"这种比较含糊的词语，会使一些消费者产生误解，影响其作出正确的选择。任何商品、服务质量的优劣都是相对而言的，具有阶段性和区域性的局限。在广告中使用"最高级"、"最佳"这种绝对化用语违背了事物不断发展变化的客观规律，实际上有抬高自己、贬低他人之嫌。如果允许在广告中使用这样的用语，容易给消费者造成误导，同时也可能引起商家之间的不正当竞争。

《广告法》明确禁止在广告中使用"国家级"、"最高级"、"最佳"等用语。这些用语包括最高级的形容词，如"最好"、"最强"、"最佳"、"最棒"、"第一"等；也包括以一定的地域、整体作为形容词，如"国家级"、"世界级""全国销量第一"、"市场占有率第一"等；同时还包括使用效果等同于最高级的用语，如"顶级"、"极品"、"消费者首选品牌"等。《广告法》对最高级用语是绝对禁止、完全禁止的。例如，消费者刘某在天马商行店门口的广告宣传单上看到有"全球网速最快的4G手机vivo、xplay3s"销售，并且还有vivo、xplay3s

最快网速、最快拍照、最快操作等介绍。刘某遂在该店以人民币3598元的单价购买了两部vivo、xplay3s手机。购机后经上网查询获知，广告宣传中所称的“全球网速最快的4G手机vivo、xplay3s”，“最快网速、最快拍照、最快操作”等查无出处。刘某向工商行政管理部门进行了举报。经过调查，工商行政管理部门责令停止了该广告的发布。

28. 如何理解广告不得“损害国家的尊严或者利益，泄露国家秘密”？

国家尊严通常包括党和政府的尊严、领袖的尊严、民族与人民的尊严、法律道德的尊严等。尊严对一个国家来说至关重要，每个公民都负有维护国家尊严，爱护国家荣誉的义务，这也是爱国主义的集中体现。《中华人民共和国保密法》规定，国家秘密是关系国家安全和利益，依照法定程序确定，在一定时间内只限一定范围的人员知悉的事项。国家秘密受法律保护。一切国家机关、武装力量、政党、社会团体、企业事业单位和公民都有保守国家秘密的义务。任何危害国家秘密安全的行为，都必须受到法律追究。

广告应当真实、合法。广告作为一种商业活动，维护国家的尊严或者利益，保守国家秘密，这是广告行为应当坚守的底线。一切商业利益都不得凌驾于国家利益之上或者以牺牲国家利益为代价。早在国家工商行政管理局1993年颁布实施的《广告审查标准（试行）》就曾明确规定，禁止发布“损害国家、民族利益和尊严的”广告。因此，新《广告法》明确规定广告中不得有“损害国家的尊严或者利益，泄露国家秘密”的内容。《广告法》禁止在广告中“使用或者变相使用中华人民共和国的国旗、国徽、国歌、军旗、军徽、军歌”、禁止“使用或者变相使用国家机关或者国家机关工作人员的名义或者形象”等规定的目的也正在于保护国家尊严和国家利益不受损害。

29. 如何理解广告不得“妨碍社会安定，损害社会公共利益”？

安定的社会环境是社会进步和经济发展的一个重要条件。社会公共利益是全体社会成员的共同利益，内容非常广泛，如民族团结、国家统一，国家政治安定等。广告具有巨大的传播效果。虚假广告很有可能成为引发社会纠纷或消费者群体事件的不利因素，成为破坏社会安定的力量。在现实生活中，因虚假广告引发纠纷的事例很多。比如虚假房地产广告引发的购房户群体维权事件、虚假金融理财广告引发的投资人全体上访事件等等。虚假广告引发的群体性事件严重乱了社会秩序，妨碍了社会稳定，损害了社会公共利益。因此，本条明确要求广告不得妨碍社会安定，损害社会公共利益。

30. 如何理解广告不得“危害人身、财产安全，泄露个人隐私”？

保护人民群众的人身、财产安全是我国法律制度的一项重要任务。广告的对象通常是不特定的公众，广告的影响并不限于商品或服务的实际消费者。除了保护消费者的合法权益之外，保护包括消费者在内的广大人民群众的人身、财产安全也是广告法的应当承担的重要任务。所谓的“危害人身、财产安全，泄露个人隐私”并不是单纯就广告的内容而言的，而是指整个广告活动。这首先要求广告活动主体在广告活动策划、发布等各个环节都要注意对人身和财产安全的保护，注意对个人隐私的保护。比如，户外广告设施存在安全隐患可能危及人身、财产安全，因大风吹倒广告牌造成人身财产损害的事例屡见不鲜。其次，“危害人身、财产安全，泄露个人隐私”也包括因为虚假广告误导或欺骗而给消费者带来的人身、财产或隐私方面的损害结果。虚假广告以谋取非法利益为目的，以“坑、蒙、拐、骗”为手段，生活中因虚假广告造成消费者人身和财产损害的案件屡有发生，消费者花钱买到的商品达不到广告声称的功效或是根本不能使用，有些后果还相当严重。比如，随着市场经济化进程的快速发展，许多私立医疗机构在利益的驱使下，为了在市场竞争中立足，宣传自己，争取更大的盈利，争相印发各类虚假的医疗广告。虚假医疗广告误导患者，骗取患者的钱财，贻误患者的病情，加重患者的痛苦，更严重的还会危及生命健康安全。再比如，由于受虚假广告误导，有的消费者因电器爆炸残废，有的因食物不卫生而中毒。财产损失有时表现为财产在外观上发生损毁，有时则表现为价值的减少。这样的损害在食品、药品、医疗器械、化妆品、酒类及日用家电等虚假广告中尤为突出。

个人隐私是指公民个人生活中不愿为他人公开或知悉的秘密。隐私权是自然人享有的对其个人的、与公共利益无关的个人信息、私人活动和私有领域进行支配的一种人格权。近年来，倒卖个人信息成为了不法分子“发财致富”的新门路，而购买个人信息的主要用途是发送商业广告。现实生活中，人们经常受到电子短信等的骚扰。随着“精准营销”广告模式的兴起，因广告而引发的泄露侵犯个人隐私的案件逐年增多，引起了公众的强力不满。为此，新《广告法》明确要求广告不得“泄露个人隐私”。

31. 如何理解广告不得“妨碍社会公共秩序或者违背社会良好风尚”？

新《广告法》明确规定：“广告应当真实、合法，以健康的表现形式表达广告内容，符合社会主义精神文明建设和弘扬中华民族优秀传统文化的要求”。社会公共秩序是指人们在社会公共生活中为维护公共事业和集体利益而必须共同遵守的原则。社会良好风尚是指社会存在和发展所必要的一般道德，或某一特定社会所尊重的伦理要求。在法律上，社会公共秩序和良好风尚通常合称为“公序良俗”。中华民族有五千多年的文明史，有极其丰富的文化和精神遗产，形成了有本民族传统的行为和道德准则。遵守“公序良俗”，建立良好的社会公共秩序和树立良好的社会风尚，不仅是法律的要求，也是我国社会主义精神文明建设的一个重要内容。

广告深入到社会的方方面面，影响着每个人的生活，妨碍社会公共秩序或者违背社会良好风尚的广告宣传，会给社会带来严重的负面影响。现实中确实有为了短期的经济利益而违反“公序良俗”的违法广告活动。比如，广州十长生化妆品有限公司为宣传“韩后”品牌化妆品，在《南方都市报》AⅡ16版发布“小三体”专题广告。广告内容有：“前任张太，你放手吧，输赢已定。好男人只属于懂得搞好自己的女人，祝你早日醒悟，搞好自己，愿天下无三。”此则广告一出便引发网民争议，工商部门即刻进行调查。调查表明，该广告为“韩后”化妆品的商业炒作。工商部门在了解情况后，责令《都市晚报》和广州十长生化妆品有限公司立即停止发布此类广告并要求积极采取相关措施消除不良社会影响。随后，“韩后”品牌的持有者广州十长生化妆品有限公司在其官方微博发出一封道歉信。还有的广告滥用成语，比如，某饭店广告中有“饭醉团伙”、“醉大饿急”等成语的谐音。这些违反“公序良俗”的广告格调低下、有伤风化、内容粗俗，给社会造成了很大的不良影响。

32. 何谓淫秽、色情、赌博、迷信、恐怖、暴力的内容？

新《广告法》规定，广告中不得含有淫秽、色情、赌博、迷信、恐怖、暴力的内容。在我国淫秽和色情通常是违反道德准则的性行为和下流的动作或者作品中与此有关的内容。淫秽、色情作品涂害人类的心灵，腐蚀人们的精神，特别是对未成年人的伤害更是不可估量的，与我国精神文明建设背道而驰。由于广告具有对象的不特定性、传播范围的广泛性、对公众指导作用等特点，广告中若含有淫秽、色情内容其影响也是深远的。赌博是一种用财物作赌注，以盈利为目的的不良行为，危害极大。赌博丧品行、损钱财、浪费时间、损害身体健康，影响安定团结。迷信是指相信星占、卜筮、风水、命相、鬼神等的一种思想。迷信的危害也是非常明显的，愚民、甚至导致犯罪。在科学文化先进、社会经济发达的今天，我们不应该相信迷信，应树立崇尚科学的社会风气。恐怖是指以人们自己不能控制的恐惧为特征的一种心理状态。恐怖使得人们在面对现实的或想象中的危险、自己厌恶的事物时处于惊慌与紧急的状态，伴随恐惧而来的是心率改变、血压升高、盗汗、颤抖等生理上的应急反应，有时甚至发生心脏骤停、休克等更强烈的生理反应。一个突然的、强烈的恐惧可能导致猝死。暴力是指侵犯他人人身、财产等权利的强暴行为。暴力是严重侵犯公民人身、财产权利的行为。暴力既包括行为暴力也包括语言暴力，行为暴力直接对他人的人身、财产造成损害，语言暴力影响人们的精神、心情，严重的会影响人格。因此，新《广告法》明确禁止广告中含有淫秽、色情、赌博、迷信、恐怖、暴力的内容。

33. 如何理解广告不得妨碍“环境、自然资源或者文化遗产保护”？

我国《宪法》规定：“国家保护和改善生活环境和生态环境，防治污染和其他公害。……国家保障自然资源的合理利用，保护珍贵的动物和植物。禁止任何组织或者个人用任何手段侵占或者破坏自然资源。”为响应《宪法》号召，我国将保护环境作为我国的基本国策之一，将自然资源保护作为我国的重要政策。与保护环境和自然资源相映衬的是我国也注重文化遗产保护。物质和非物质文化遗产是一国历史与文化传统的反应，对于国人了解自己国家的国情有着不可替代的作用。同时物质和非物质文化遗产均属于不可再生资源，一旦这些遗产消失将会产生不可挽回的后果。所以必须要加强对物质和非物质文化遗产的保护。为了更好地保护环境和合理利用自然资源，保护文化遗产，全国人民代表大会常务委员会已经制定了《环境保护法》、《大气污染防治法》、《水污染防治法》、《海洋环境保护法》、《土地管理法》、《森林法》、《草原法》、《水法》、《野生动物保护法》、《渔业法》、《文物保护法》、《非物质文化遗产保护法》等诸多法律。因此，广告中不得含有妨碍环境、自然资源或者文化遗产保护的内容。

34. 新《广告法》对歧视性广告是如何进行规制的？

所谓歧视性广告，是指在广告信息中对某一群体或某类属之成员含有偏见或贬低的广告，主要包括民族歧视、种族歧视、宗教歧视和性别歧视。种族歧视广告在我国并不多见，但在国外却时有发生。在我国较为频繁出现的是性别歧视广告。首都新闻工作者协会曾发布过关于广告中性别倾向的监测报告，步步高电子词典、福临门天然谷物调和油、力士沐浴用品、立白集团肤歌沐浴露、马爹利酒、太太美容口服液等产品广告位列“十大性别歧视广告”。其中全新力士滋养系列广告中出现了多个场景：女模特为即将到来的时装表演做准备，男性设计师因女模特的光滑皮肤找到了灵感；女模特光滑皮肤来自力士沐浴用品；在表演中，女模特身穿突出性特征的礼服，丝巾从光滑的皮肤滑落，引发了一阵惊叹，男性摄影师纷纷拍照。在此则力士广告中，女性作为男性的观赏对象和性对象出现，女主角在多个镜头中以性感美貌示人。在对白设计上，女主角显得没有主见，对男性设计师比较依赖，这一设计强调了男性的专业身份和女性的从属者形象。而女模特走在T型台上的表情强化了女主角的花瓶形象。

我国是个多民族国家，维护民族团结是宪法规定的每个公民的义务。作为广告活动的主体，也应该自觉履行这一法律义务，广告中不得有不利于民族团结的内容，不得进行民族歧视。《广告法》的这一规定也符合《宪法》的规定，“中华人民共和国各民族一律平等。国家保障各少数民族的合法权利和利益，维护和发展各民族的平等、团结、互助关系。禁止对任何民族的歧视和压迫，禁止破坏民族团结和制造民族分裂的行为。”

我国《宪法》还规定：“中华人民共和国公民有宗教信仰自由。”在我国现存的宗教主要有佛教、道教、伊斯兰教、天主教和基督教等。广告活动应当尊重这些宗教，不得进行恶搞。日本索尼收录机的电视广告曾在泰国遭灭顶之灾：画面上，佛祖释迦牟尼脸色庄重，闭目凝神，潜心修炼，纹丝不动。然而，当佛祖套上索尼收录机的耳机之后，竟然凡心启动，在佛堂上眉飞色舞、手舞足蹈……佛祖之威严和宗教之虔诚荡然无存。泰国是“佛教之国”，这则广告触犯了国教，激起了泰国人的愤怒。于是，泰国政府责令索尼公司立即停止播放此广告，同时规定，在随后的一年里，任何公众媒体不得刊登任何有关索尼的信息，给索尼公司造成了巨大的损失。

歧视性广告会带来多重危害。首先，歧视性广告会侵害公众的尊严和自由；其次，对于商家而言，如果使用歧视性广告，最终也会因社会责任感的缺失而遭到大众谴责与抛弃；最后，歧视性广告还会损害广告行业的整体形象。为此，新《广告法》规定，广告中不得含有民族、种族、宗教、性别歧视的内容。

35. 新《广告法》是如何对未成年人进行保护的？

在我国，未成年人指未满18周岁的公民。其中不满10周岁的未成年人是无民事行为能力人，10周岁以上的未成年人是限制民事行为能力人。未成年人群体由于自身的心智发育尚不健全，对事物缺乏必要的认知和理性判断、辨别的能力，对自己的行为不能或者不能完全辨认或者判断，他们的合法权益和身心健康容易受到损害。

广告活动对未成年人的影响是深远的，有些未成年人分不清广告世界和现实世界，而在成长过程中，其思维方式和行为方式最显著的一个特征就是模仿，因而很容易受到周围成人世界的影响，而广告内容就不可避免的成为了他们模仿的对象，有可能对未成年人的身心健康产生不可估量的负面影响。首先，广告容易导致未成年人形成物质至上的观念。未成年人面对当今琳琅满目的广告由于缺乏充足的辨别力、判断力，广告中频繁出现的对消费的溢美之词，极有可能会导致未成年人对物质消费产生过度的追逐，使他们形成物质消费至上的错误观念，认为物质消费才能获得快乐和满足。其次，广告可能诱使未成年人产生不健康心理。为了达到良好的宣传效果，广告活动经常利用大众的攀比心理，采取各种情节突出描绘商品拥有者的优越感，这样使得没有购买能力的未成年人家庭无法购买，对未成年人的自信心造成潜移默化的影响，容易让他们因为“物质缺乏”而滋生出自卑感。第三，未成年人的购买欲望如果无法满足，很容易产生愤怒、失望等不良情绪，如果无法及时排解，将有可能影响未成年人的心理健康。再次，广告有可能影响未成年人的道德认知。广告在一定程度上反映了一个社会的道德认知，反过来社会的道德认知在一定程度上会受到广告的影响，这一点对未成年而言更是明显。健康积极正面的广告，对未成年人的道德行为具有指导作用。但是某些广告中包含败坏道德的因素，如广告中频繁出现的请客送礼、通过物质交往去获取利益和友谊等，这些会误导未成年人的道德认知评判。最后，广告会误导未成年人的行为。未成年具有高度的模仿性，广告中出现的危险动作和不文明行为会误导未成年人的行为。基于这些原因，新《广告法》从多方面对未成年人进行保护。

新《广告法》第十条规定：“广告不得损害未成年人和残疾人的身心健康”。这是一个原则性规定。此外，新《广告法》还做了很多具体的规定。第二十条规定："禁止在大众传播媒介或者公共场所发布声称全部或者部分替代母乳的婴儿乳制品、饮料和其他食品广告。"第二十二条规定："禁止向未成年人发送任何形式的烟草广告。"第三十三条规定："使用无民事行为能力人、限制民事行为能力人的名义或者形象的，应当事先取得其监护人的书面同意。"第三十八条规定："不得利用不满十周岁的未成年人作为广告代言人。"第三十九条规定："不得在中小学校、幼儿园内开展广告活动，不得利用中小学生和幼儿的教材、教辅材料、练习册、文具、教具、校服、校车等发布或者变相发布广告，但公益广告除外。"第四十条规定："针对未成年人的大众传播媒介上不得发布医疗、药品、保健食品、医疗器械、化妆品、酒类、美容广告，以及不利于未成年人身心健康的网络游戏广告。……针对不满十四周岁的未成年人的商品或者服务的广告不得含有下列内容：（一）劝诱其要求家长购买广告商品或者服务；（二）可能引发其模仿不安全行为。"《广告法》禁止广告损害未成年人的身心健康，既包括广告内容不得侵害未成年人身心健康，也包括广告表现形式不得损害未成年人的身心健康。

36. 新《广告法》对保护残疾人权益是如何规定的？

由于生理方面的障碍或疾病，与普通人群相比，残疾人的心理承受力更加脆弱。广告因其传播范围广泛、渗透力强，对整个社会的文化氛围都有极大的影响，广告活动中如果出现对残疾人的歧视行为，带给残疾人的人格尊严和精神伤害将远远超过其他普通人群。比如，郑州某必胜客餐厅曾播出一则虾球网络广告，引发视障人士不满。该广告片内容为："你知道球为什么到处乱滚吗？因为它是虾（瞎）球！全新鱼子酱虾球！25 款全新美味尽在必胜客春季菜单！"广告背景中，动画虾球带着墨镜，手里拿着盲杖，最后还有嘲弄的声音。该广告片播出以后，几名视障人士感觉受到了侮辱，于是在闹市举牌抗议，要求该必胜客停止侵权、公开道歉，并消除广告在社会上造成的不良影响。随后不久，必胜客所属的百胜餐饮集团工作人员出面处理，并当场向视障人士道歉。事后必胜客便撤销了这条虾球广告，并在必胜客官网上发表了致歉声明："必胜客就虾球网络广告事件深表歉意。我们的确在创意上考虑不周，已全部撤除投放的广告。必胜客再次郑重道歉，恳请大家原谅。"

考虑到残疾人的社会地位及自我保护能力较弱这一事实，需要法律对残疾人的身心健康给予特殊保护，维护他们合法权益。因此，新《广告法》规定广告不得损害残疾人的身心健康。具体表现在广告内容不得有对残疾人施加不良导向和影响的语言、文字、图像等。常见的损害残疾人身心健康的违法行为主要有：广告中有损坏残疾人的人格尊严，如广告中使残疾人在名义、形象上直接或间接地受到讽刺、挖苦、讥笑；广告中有歧视、侮辱、侵害残疾人的语言、文字、形象和表现。为了保护残疾人的身心健康，广告活动应当做到以下三点：第一，广告不得损害残疾人的形象；第二，广告的语言、文字、画面等不得含有歧视、侮辱残疾人的内容；第三，适用于残疾人的饮料食品、用具、器材等商品的广告，应当真实、明白，所涉及的商品的质量应当可靠，不得有害于残疾人的安全和健康。

37. 广告内容涉及的事项需要取得行政许可的怎么办？

广告在正式发布前，其内容的真实性和合法性需要进行审查，审查过程中若发现广告内容涉及的事项需要取得行政许可的，应当与许可的内容相符合。正确理解“广告内容涉及的事项需要取得行政许可的，应当与许可的内容相符合”需要把握几点：第一，广告内容涉及事项需要取得行政许可的，必须在取得行政许可后才可以应用到广告中；第二，已经取得许可的，广告所宣传的内容应当与许可的内容相符合；第三，已经取得许可的，广告宣传的内容不可以超过行政许可的范围。例如，某电玩城经行政许可后经营各类娱乐、游戏设施。某日发布广告称：“电玩种类繁多，集合最新最炫游戏设备，电玩潮人就在这”；“本店有‘投币机’‘功夫熊猫’‘3D 动物’”。电玩城发布的这则广告即违反了《广告法》“广告内容涉及的事项需要取得行政许可的，应当与许可的内容相符合”的规定。电玩城经行政许可可以向公众提供各种娱乐、游戏设备，但是“投币机、功夫熊猫、3D 动物”属于赌博器械，并不是游戏机，其广告内容与行政许可内容不相符合。

38. 《广告法》对广告中的引证内容有何要求？

新《广告法》规定：“广告使用数据、统计资料、调查结果、文摘、引用语等引证内容的，应当真实、准确，并表明出处。引证内容有适用范围和有效期限的，应当明确表示。”这是《广告法》为保证引证内容的真实性，防止误导消费者，对广告中的引证内容提出的具体要求：

第一，引证内容应当真实、准确。真实、准确强调广告中使用的数据、统计资料、调查结果的取得方式是科学的，是有据可查的。在真实、准确的基础上，广告使用数据、统计资料、调查结果、文摘、引用语应当做到合理性，不可盲目的过滥的使用，在部分使用的情况下更不可断章取义。引证内容只需能够真实、客观地介绍商品或者服务即可。

第二，引证内容应当表明出处。要求标明出处是为了防止广告主毫无根据地使用数据、统计资料、调查结果、文摘、引用语，可以增强社会公众对广告的信服力，同时在因广告产生争议或者诉讼时，也便于当事人收集和提供证据。这一要求包含两层含义：一是在广告中使用数据、统计资料、调查结果、文摘、引用语必须要有出处，没有出处的不得在广告中使用；二是广告使用数据、统计资料、调查结果、文摘、引用语一定要表明出处，表明的出处应当真实、准确、明白、有据可查。

第三，如果引证内容有适用范围和有效期限的，应当明确表示。一般情况下，广告所引用的数据、统计资料、调查结果、文摘、引用语等具有时效性和空间性。过了特定的时间，离开特定的空间，引证内容的真实性、科学性将受到质疑。因此引证内容有适用范围和有效期限的，应当明确表示。如果广告所引用的数据、统计资料、调查结果、文摘、引用语等用来说明超出适用范围或有效期限的问题，违背广告的真实性原则，容易对消费者造成误导。

39. 广告中涉及专利时应当怎么办?

专利含有两层含义：一种是指专利权，即国家依法在一定时期内授予发明创造者或者其权利继受者独占使用其发明创造的权利；另一种是指受到专利法保护的发明创造，即专利技术，是受国家认可并在公开的基础上进行法律保护的专有技术。广告法中规制的对象是专利技术和专利产品。专利产品是指获得专利保护的产品。专利方法是指取得专利权的生产工艺、技巧等。为了避免引起社会公众的误解和保证涉及专利产品或专利方法的广告的真实性，新《广告法》对涉及专利产品和专利方法的广告进行了三个方面的规制。

第一，广告中涉及专利产品或专利方法的广告，应当标明专利号和专利种类。专利号是指国家在授予专利权时在专利证书上载明的用于区别其他专利的号码。专利种类，是指《专利法》对其保护对象即发明创造的分类，按照《专利法》第二条的规定，专利分为发明专利、实用新型专利和外观设计专利三种。如果商家未按照要求标明专利号和专利种类将受到法律制裁。例如，某日小李与朋友逛商场，恰逢某品牌饮料正在做促销。该品牌饮料在海报上写道“最新研制东杏草本植物饮料”、“排毒养颜”、“口感丰富，清爽解渴”“荣获国家发明专利”，“买一送一，送同种饮料一瓶”，“只需3元即可让你的味蕾享受非一般的感受”。小李被海报上的广告语吸引，便购买了一瓶该饮料，单价3元。购买后，小李发现该种东杏草本植物饮料的广告未按《广告法》的相关规定标注专利号和专利种类，于是将该品牌饮料商家告上法庭，要求其赔偿损失30元。法院认为，被告虽然获得了该种东杏草本植物饮料的发明专利，但是其未在广告中表明专利号和专利种类的行为违反《广告法》的规定，根据《消费者权益保障法》和《食品安全法》的有关规定，判令被告赔偿小李损失30元。

第二，未取得专利权的不得在广告中谎称取得专利权。专利权是发明创造人完成发明创造后主动向国家申请，经国家专利审查机关审查核准后授予申请人的一项法定权利。也就是说专利权是需要申请人主动申请经国家授予才可获得的权利而不是自动取得、当然取得的。由此申请人在未取得专利权的情况下，不得在广告中谎称取得专利权。

第三，广告中禁止使用专利申请和已经终止、撤销、无效的专利。专利申请是指专利申请人以书面形式请求国家专利管理机关授予发明创造专利权的法律行为。专利申请受国家法律临时保护。专利申请阶段，申请人并未真正取得该专利权，同时专利申请并不得等同于取得专利，因此为避免消费者产生误解，有必要禁止广告使用专利申请进行产品宣传。在我国专利权具有时效性，专利权人只能在专利有效期内享有专有权，有效期满专利权自行失效。根据我国知识产权法的规定，发明专利权有效期为20年，实用新型和外观设计的有效期为10年，起算时间为申请日。当专利权期限届满时专利权即终止，丧失效力。此外，除有效期满以外当出现法律规定的其他情形时，专利权也可能终止。如专利权人没有按期缴纳年费、专利权人以书面形式放弃专利权。另外，根据我国法律规定，专利权人的专利有效期内死亡却无法定继承人继承这一专利的，该专利视为自行终止。专利权的撤销是指自专利局公告授予专利权之日起6个月内，任何单位或者个人认为该专利权的授予不符合专利法有关规定的，可以请求专利局撤销该专利权，专利局审查核准的，撤销该专利。专利的无效是指自国务院专利行政部门公告授予专利权之日起，任何单位或者个人认为该专利权的授予不符合本法有关规定的，可以请求专利复审委员会宣告该专利权无效。专利复审委员会对宣告专利权无效的请求应当及时审查和作出决定，并通知请求人和专利权人。宣告专利权无效的决定，由国务院专利行政部门登记和公告。宣告无效的专利权视为自始即不存在。由于已经终止、撤销或无效的专利都不再得到保护，原来的专利权人就不得在其生产经营活动中宣称仍对其享有专有权。

40. 如何判断一个广告是否含有贬低内容？

贬低，是指给予不公正的评价。含有贬低内容的广告是指对相同的或者近似的一个或者一组商品或者服务进行不公正的评价。含有贬低内容的广告具有几个特征：第一，此类广告一般是针对竞争对象所进行的。第二，此类广告的内容表现为通过比较，散布竞争对象的商品或者服务在质量、工艺、技术、价格等方面存在的不足或者问题，产生低毁他人商业信誉的效果，以削弱其竞争能力。第三，此类广告的广告主制作、发布此类广告时，在主观是故意的。第四，此类广告行为侵犯的客体是竞争对象的商业信誉和商品或者服务的声誉。

具体来讲，判断一个广告是否构成贬低他人商品或者服务，应当从其广告中是否含有指名或者不指名、特指或者泛指、直接的或者间接的故意降低他人商品或者服务的评价，损害他人商品或者服务的商业信誉的内容。含有贬低内容的广告，是对竞争对手的人格权的严重侵犯。这种损害对手合法权益的市场竞争行为，破坏了社会主义市场经济的竞争秩序，属于不正当竞争行为。从广告领域的角度来讲，此类广告违背了广告的基本准则，因此，新《广告法》规定“广告不得贬低其他生产经营者的商品或者服务。”

41. 何谓正当的比较广告？

在认定某项广告是否含有贬低他人商品或者服务的内容时，需要注意区分其与正当的比较广告的界限。比较广告是指任何通过直接或者间接的方式提及到竞争者，或者提及到竞争者所提供的产品或者服务的广告。比较广告又分为直接比较广告和间接比较广告。直接比较广告是指直接提及到竞争企业的名称的广告，间接比较广告则仅仅是提及到竞争性产品的范围。如果有人在广告中声称，他的产品比××的产品好，质量高，价格便宜，但事实上这个广告的内容完全是虚假的，这种比较行为明显就是贬低、诋毁对方。这种行为同时违反我国《不正当竞争法》的规定，属于不正当竞争行为。

正当的比较广告具有几个特征：第一，正当的比较广告所涉及产品应当是相同的产品或可类比的产品，即属于同一竞争领域内的产品，比较之处应当具有可比性；第二，对比的内容应以具体事实为基础，并且这些事实是可以证明的；第三，不存在误导消费者的信息；第四，广告是客观地比较商品或者服务中一个或者多个重要的、相关的、可验证的且具有典型性的方面，其中包括它们的价格；第五，广告不会在市场上引起广告主与其竞争者，或者他们的商标、商号以及其他商业标识，或者他们的商品或者服务之间的混淆；第六，广告不存在贬低或者诽谤竞争者的商标、商号以及其他商业标识的情况，也不存在贬低或者诽谤竞争者的商品、服务、商业活动或者商业关系的情况；第七，对于记载商品来源的商品，比较广告在说明这些商品时，一定要使用相同的标识；第八，广告不得以不正当的方式使用竞争者的商标、商号或者其他标识的声誉，也不得不正当地使用竞争者的商品原产地标识；最后，广告中不得宣传模仿或者仿造他人受到专利、商标以及其他权利保护的商品或者服务。

我国法律对比较广告一直没有明确的规定。早在1993年，国家工商行政管理局发布的《广告审查标准（试行）》中曾经对比较广告的要求作出过规定，具体要求包括：比较广告应符合公平、正当竞争的原则；比较广告必须有科学的依据和证明；比较广告中使用的数据或调查结果，必须有依据，并应提供国家专门检测机构的证明；比较广告的内容，应当是相同的产品或可类比的产品，比较之处应当具有可比性；比较广告使用的语言、文字的描述，应当准确，并且能使消费者理解；比较广告不得以直接或影射方式中伤、诽谤其他产品；比较广告不得以联想方式误导消费者，不得造成不使用该产品将会造成严重损失或不良后果的感觉（安全或劳保用品除外）。另外，还规定广告中的比较性内容，不得涉及具体的商品或服务或其他直接的比较方式。对一般性同类产品或服务进行间接比较的广告，必须有科学的依据和证据。

42. 新《广告法》对广告的可识别性有何具体要求？

广告作为一种介绍和推销商品或服务的形式，有其自身的特点。但是目前一些广告采用含混的方式介绍和推销商品或者服务，使广大消费者难以辨认其究竟是否属于广告，使消费者产生了误解，这就属于《广告法》所禁止的欺骗或者误导消费者的情形。因此，新《广告法》规定：“广告应当具有可识别性，能够使消费者辨明其为广告。”

广告是否具有可识别性，其界限在于是否能够使消费者辨认其为广告，具体来讲，首先是在形式上应具有使普通消费者一看便知是广告的特征，而不能在形式上使消费者误认为是艺术作品等；其次是在内容上应具有使普通消费者一看便知是广告的特征，即在内容上要有介绍或者推销商品或者服务的含义；最后在发布方式上应具有使普通消费者一看便知是广告的特征，如利用电视、报刊发布广告时，应当有专门的提示或者在时间、版面等方面具有明显的特征。

大众传播媒介作为发布广告的主要载体、渠道和平台，虽然广告业务仅仅是其一种兼营业务，并非主营营业，但是其也应当履行一定的广告义务。在其发布广告时应当区分广告信息和非广告信息，不得误导和欺骗消费者。因此，新《广告法》规定，通过大众传播媒介发布的广告应当显著标明“广告”，与其他非广告信息相区别，不得使消费者产生误解。新《广告法》同时严格禁止大众传播媒介通过新闻报道形式变相发布广告。所谓新闻，是指公开传播新近变动事实的信息，构成新闻价值的要素有时新性、重要性、接近性、显著性、兴趣性等。而广告则是指商品经营者或者服务提供者承担费用，通过一定媒介和形式直接或者间接地介绍自己所推销的商品或者所提供的服务。因此，新闻与广告之间具有明显的区别，主要的区别有两点：一是新闻是无偿的，广告是有偿的；二是新闻的目的是为了传播某种事实的信息，而广告的目的是为了推销某种商品或者服务。但是，曾经有一段时间，个别新闻单位的人员为了“捞钱”，刊播所谓的“新闻广告”，混淆了新闻与广告的界限。为了制止这种现象，国家有关部门一再强调必须严格区分新闻和广告，如1993年7月31日中共中央宣传部、新闻出版署发布的《关于加强新闻队伍职业道德建设禁止“有偿新闻”的通知》中指出，“新闻与广告必须严格分开，不得以新闻报道的形式为被报道单位做广告。凡属新闻报道，新闻单位不得向被报道单位收取任何费用；凡收取费用而刊播的，应标明为‘广告’。”新《广告法》也明确规定：“大众传播媒介不得以新闻报道形式变相发布广告”。

43. 国外对广告的时长和方式有何要求？

为了规范广播电视广告播出秩序，保障电台听众和电视观众的合法权益，尤其是为了保障未成年人的身心健康，许多国家的法律都对广播电视广告播放的方式和时长有限制。比如美国对电视儿童节目，规定在工作日，每小时节目广告不超过12分钟，在周末每小时节目广告不超过10.5分钟。加拿大法律规定，专业性的电视频道平均每小时广告不得超过12分钟。澳大利亚法律规定，在晚上6点到12点之间，每小时播出的广告最多不超过15分钟，且这段时间内每小时的平均广告时长不得超过13分钟，其余时段，每小时的广告时长最多不得超过16分钟，且平均每小时广告时长不得超过15分钟。在选举期间，电视台可再于每小时增加1分钟政治广告。针对儿童节目，澳大利亚政府规定所有电视台每年至少播放130个小时面向学前幼儿的电视节目，不得有任何广告；以及260个小时针对儿童的节目，每半小时节目的商业广告不得超过5分钟，另可有1分钟其他宣传信息。俄罗斯法律规定，全国性的电视频道每小时平均广告时长不超过4分钟，地区性电视频道每小时平均广告时长不超过15分钟。日本法律要求，商业性电视频道每周广告的播出时间不得高于总播出时长的18%。一项比较特殊的规定是在节目当中插播的广告每个不得少于30秒，而两个节目之间的广告每个不得少于15秒。韩国规定，基本频道在节目进行当中不得插播商业广告，广告只能出现在节目介绍和节目正式开始之间，以及片尾字幕之后。付费电视频道则可以在节目当中插播广告。外国电视频道也不受此项限制。阿根廷法律规定，所有电视频道都必须在广告与节目内容间用清楚的文字标示“广告时间”予以区分。每小时的广告时间不得超过12分钟，允许在节目中插播广告。新西兰规定，所有电视频道，每小时平均广告时长不得超过15分钟。一项特殊的规定是圣诞节、耶稣受难日、复活节以及星期日中午之前都不得播放广告。在欧盟国家，1989年通过了《电视无边界指南》，规定电视节目平均每小时的广告时长不超过9分钟，且任何一小时的广告时长不得超过12分钟。欧盟各国均应遵守这个规定，有些国家则制定了更为严格的规定。比如法国，规定所有的“广播性”电视频道平均每小时广告时长不得超过6分钟，且任何一个小时的广告时长不得超过12分钟。有线电视频道则按欧盟标准执行。如果电视节目短于半小时，只允许插播一次广告，节目时长超过1小时，允许插播两次。而公共电视频道，晚8点之后不允许有广告，且到2012年将完全不播放广告。在英国，公共电视频道BBC不得插播广告。商业性广播电视频道平均每小时广告时长不得超过9分钟，任何一小时的广告时长不得超过12分钟，且黄金时段的平均每小时广告时长不得超过7.5分钟。有线电视频道按欧盟标准执行。广告必须自然地出现在节目中（比如足球直播中场休息时），且广告播放间隔不得少于20分钟。一些特定的节目当中更严格规定不允许插播广告，如宗教庆典、皇室庆典、涉及皇室成员的节目、议会活动、学术性和儿童性节目等。德国的公共电视频道每天的广告时长不得超过20分钟，且晚8点后的黄金时段不得有广告。商业性电视频道每小时广告时长不得超过12分钟，每段广告间间隔至少20分钟。爱尔兰每天的广告时长不得超过节目播出总时长的18%，儿童节目每小时广告不超过10分钟。爱尔兰的公共电视几乎不播放广告，尽管按规定每小时可播放6分钟广告。荷兰公共电视频道每天的广告时长不得高于播出时长的6.5%。广告必须以块状形式播出（每次播出不得少于2分钟），且广告的播放不能以突然打断节目的方式进行。瑞典的两个公共电视频道SVT1和SVT2不得播放广告。其他频道每小时的广告时长，晚7点到12点间每小时不得超过10分钟，其他时段不得超过8分钟，且全天每小时的平均广告时长不得超过6分钟，晚7点到12点间的平均广告时长同样需符合该标准。广告的播放不能以突然打断节目的方式进行，每段广告间间隔至少20分钟。

44. 我国法律对广告时长与方式有何要求？

新《广告法》规定："广播电台、电视台发布广告，应当遵守国务院有关部门关于时长、方式的规定，并应当对广告时长作出明显提示。"国家广电总局2010年颁布实施了《广播电视广告播出管理办法》，即国家广播电影电视总局令第61号。2012年又对该办法进行了补充规定。对广播电视广告播出的具体要求是：广播电视广告播出不得影响广播电视节目的完整性。除在节目自然段的间歇外，不得随意插播广告。播出机构每套节目每小时商业广告播出时长不得超过12分钟。其中，广播电台在11:00至13:00之间、电视台在19:00至21:00之间，商业广告播出总时长不得超过18分钟。在执行转播、直播任务等特殊情况下，商业广告可以顺延播出。播出电视剧时，不得在每集（以45分钟计）中间以任何形式插播广告。转播、传输广播电视节目时，必须保证被转播、传输节目的完整性。不得替换、遮盖所转播、传输节目中的广告；不得以游动字幕、叠加字幕、挂角广告等任何形式插播自行组织的广告。播出商业广告应当尊重公众生活习惯。在6:30至7:30、11:30至12:30以及18:30至20:00的公众用餐时间，不得播出治疗皮肤病、痔疮、脚气、妇科、生殖泌尿系统等疾病的药品、医疗器械、医疗和妇女卫生用品广告。电视台每套节目每日播出的烈性酒类商业广告不得超过12条，其中19:00至21:00之间不得超过2条。在中小学生假期和未成年人相对集中的收听、收视时段，或者以未成年人为主要传播对象的频率、频道、节（栏）目中，不得播出不适宜未成年人收听、收视的商业广告。

45. 哪些药品不得作广告？

新《广告法》规定："麻醉药品、精神药品、医疗用毒性药品、放射性药品等特殊药品，药品类易制毒化学品，以及戒毒治疗的药品、医疗器械和治疗方法，不得作广告。"

麻醉药品和精神药品是指列入麻醉药品目录、精神药品目录的药品和其他物质。精神药品分为第一类精神药品和第二类精神药品。国家对麻醉药品药用原植物以及麻醉药品和精神药品实行管制。除《麻醉药品和精神药品管理条例》另有规定的外，任何单位、个人不得进行麻醉药品药用原植物的种植以及麻醉药品和精神药品的实验研究、生产、经营、使用、储存、运输等活动。医疗用毒性药品是指毒性剧烈、治疗剂量与中毒剂量相近，使用不当会致人中毒或死亡的药品。放射性药品是指用于临床诊断或者治疗的放射性核素制剂或者其标记药物。药品类易制毒化学品是指国务院《易制毒化学品管理条例》中所确定的麦角酸、麻黄素等物质。戒毒治疗的药品指控制并消除滥用阿片类药物成瘾者的急剧戒断症状与体征的戒毒治疗药品，以及能减轻消除稽延性症状的戒毒治疗辅助药品。医疗器械是指单独或者组合使用于人体的仪器、设备、器具、材料或者其他物品，包括所需要的软件。医疗器械的使用目的在于对疾病的预防、诊断、治疗、监护、缓解；对损伤或者残疾的诊断、治疗、监护、缓解、补偿；对解剖或者生理过程的研究、替代、调节；妊娠控制。

麻醉药品、精神药品、毒性药品、放射性药品都属于特殊药品，具有两重性，使用得当，可以治病救人；使用不当，将危害人民的生命健康。因此，国家对麻醉药品、精神药品、医疗用毒性药品、放射性药品，实行特殊管理。只有供医疗、科学研究、教学使用的小包装的上述药品可以由国务院药品监督管理部门规定的药品批发企业经营。药品类易制毒化学品以及戒毒治疗的药品、医疗器械和治疗方法也都属于国家严密监控的特殊商品和服务。所以，《广告法》明确规定，麻醉药品、精神药品、医疗用毒性药品、放射性药品等特殊药品，药品类易制毒化学品，以及戒毒治疗的药品、医疗器械和治疗方法，不得作广告。

46. 新《广告法》对药品广告有何要求？

药品根据其品种、规格、适应症、剂量及给药途径不同，分为处方药与非处方药。处方药必须凭执业医师或执业助理医师处方才可调配、购买和使用；非处方药不需要凭执业医师或执业助理医师处方即可自行判断、购买和使用。由于处方药的特殊性，新《广告法》规定除不得做广告的特殊处方药外，其他处方药只能在国务院卫生行政部门和国务院药品监督管理部门共同指定的医学、药学专业刊物上作广告。

新《广告法》对药品广告内容作出了禁止性规定。药品广告不得含有表示功效、安全性的断言或者保证；药品广告说明治愈率或者有效率；药品广告不得与其他药品的功效和安全性或者其他医疗机构比较；药品广告不得利用广告代言人作推荐、证明。同时规定，药品广告的内容不得与国务院药品监督管理部门批准的说明书不一致，并应当显著标明禁忌、不良反应。处方药广告应当显著标明“本广告仅供医学药学专业人士阅读”，非处方药广告应当显著标明“请按药品说明书或者在药师指导下购买和使用”。此外，除药品广告外，禁止其他任何广告涉及疾病治疗功能，并不得使用医疗用语或者易使推销药品相混淆的用语。广播电台、电视台、报刊音像出版单位、互联网信息服务提供者不得以介绍健康、养生知识等形式变相发布药品广告。药品广告不得在针对未成年人的大众传播媒介上发布。

47. 新《广告法》对医疗广告有哪些要求？

医疗广告是指利用各种媒介或者形式直接或间接介绍医疗机构或医疗服务的广告，由于医疗广告与人的生命健康密切相关，为确保医疗广告信息的真实可靠，早在 1993 年，国家工商行政管理总局和卫生部就联合颁布了《医疗广告管理办法》，专门针对医疗广告进行规制。国家工商行政管理总局和卫生部 2007 年施行的《医疗广告管理办法》第七条规定，医疗广告的表现形式不得含有以下情形：（一）涉及医疗技术、诊疗方法、疾病名称、药物的；（二）保证治愈或者隐含保证治愈的；（三）宣传治愈率、有效率等诊疗效果的；（四）淫秽、迷信、荒诞的；（五）贬低他人的；（六）利用患者、卫生技术人员、医学教育科研机构及人员以及其他社会社团、组织的名义、形象作证明的；（七）使用解放军和武警部队名义的；（八）法律、行政法规规定禁止的其他情形。

新《广告法》进一步完善了对医疗广告的规制，规定医疗广告不得含有下列内容：

第一，表示功效、安全性的断言或者保证。医疗广告是典型的信息不对称广告，患者和消费者不具有相关的知识和技能，而医疗服务又具有较强的专业性，因此患者很难判断其真实功效，继而容易受到“包治百病”“药到病除”“一针见效”等表示功效、安全性的断言或保证的误导。新《广告法》不仅扩大了禁止范围，而且提高了标准，禁止了所有表示功效或安全性的断言或者保证，有利于执法标准的掌握和判断。

第二，说明治愈率或者有效率。医疗服务的治愈率或者有效率是在临床试验中取得的数据，其准确性与样本大小、采集方式等多种因素有密切的关系。不同的患者对于同一种医疗服务，可能会有不同的效果，不可能存在固定的治愈率和有效率。因此，在医疗广告中不能存在说明治愈率或有效率的语句。

第三，与其他医疗机构比较。比较广告是一种特殊的广告方式，通过采用比较的方式来进行机构或服务的广告宣传。不同的医疗服务其针对的是不同的病症，即使是同一病症，其具体情况也会有所差别。与其他医疗机构比较不但会误导消费者，而且容易引起不正当竞争，因此，新《广告法》禁止在医疗广告中与其他医疗机构比较。

第四，利用广告代言人作推荐、证明。医药科研单位、学术机构、医疗机构或者专家、医生，是专门从事医学研究和医疗工作的单位和人员，患者和消费者对其容易产生较大的依赖心理以及盲目的信任。同时，利用患者的名义和形象作证明，使消费者相信该患者因在该医疗机构接受医疗服务而治愈。因此，利用这些机构和人员的名义和形象进行广告宣传，更容易赢得患者和消费者的信任，更容易产生误导作用。

第五，法律、行政法规规定禁止的其他内容。除了广告法以外，其他法律、行政法规中有禁止医疗广告中含有某些内容的，在进行医疗广告时也要符合相关规定。

随着人民生活水平的提高，广播电台、电视台上与健康、养生有关的节目越来越受人关注，有关健康养生的报刊音像制品和互联网信息也越来越丰富。有些商家利用这些节目、栏目、载体和信息平台，打着介绍健康、养生的名义，直接或间接地宣传和推销医疗机构和医疗服务，欺骗和误导消费者。为此，新《广告法》还规定，禁止以介绍健康、养生知识等形式变相发布医疗广告。广播电台、电视台、报刊音像出版单位、互联网信息服务提供者不得以介绍健康、养生知识等形式变相发布医疗广告。

新《广告法》还规定，发布医疗广告，应当在发布前依照有关法律、行政法规规定由广告审查机关对广告内容进行审查；未经审查，不得发布。对于医疗广告而言，由卫生行政部门、中医药管理部门负责医疗广告的审查，并对医疗机构进行监督管理。

48. 为什么要禁止非医疗、药品、医疗器械广告涉及疾病治疗功能？

新《广告法》规定，除医疗、药品、医疗器械广告外，禁止其他任何广告涉及疾病治疗功能，并不得使用医疗用语或者易使推销的商品与药品、医疗器械相混淆的用语。为了保障人民身体健康，《广告法》特别对除了医疗、药品、医疗器械以外的商品广告提出了特殊的要求。

过去，食品（特别是保健食品）、酒类、化妆品等的广告曾借“治疗”之名和使用医疗用语进行宣传，误导了消费者的判断，并使不少患者上当受骗。这样的例子很多。例如，某调和油广告曾打出“调节人体生理机能、保护视力、强健骨骼、预防心血管疾病、延缓衰老”的广告语，具有药品、医疗广告表述的倾向。有些提高免疫能力类保健品，常常利用患者的认知误区，在广告中宣称“预防××疾病”、“治疗××疾病”；某品牌养生酒的广告语宣称“喝养生酒3到6个月，祛除一身顽疾、增强体力”。除了食品、酒类、化妆品外，还有许多商品、服务会直接关系到消费者的身体健康。例如女性闲暇之余消费的美容美体、健康养生的服务项目（如SPA）。有的不法经营者也趁机宣传其服务项目具有治疗疾病等功效，如某“结肠SPA”广告宣称，“使用天然草本植物溶液，直接通过肛门导入……”，并号称有调节内分泌、治疗失眠等多项功效。这类医疗性美容多数情况下是夸大了服务的效果，欺骗消费者，更有甚者造成生命健康威胁。此外，随着时下“大健康”概念兴起，健康智能产品备受瞩目，有的“运动手环设备”、“健康终端应用”等打着“健康、治疗”的名义，在广告中使用易与医疗器械、医疗广告混淆的广告用语，误导消费者，造成不必要的财产损失，危害生命健康。因此，新《广告法》明确禁止非医疗、药品、医疗器械广告涉及疾病治疗功能是非常正确的。

49. 新《广告法》对保健食品广告有哪些要求？

保健食品是指声称具有特定保健功能或者以补充维生素、矿物质为目的的食品，是适宜于特定人群食用，具有调节机体功能，不以治疗疾病为目的，并且对人体不产生任何急性、亚急性或者慢性危害的食品。长期以来，保健食品高度依赖广告宣传，一是因为我国保健食品同质化严重，没有实质的竞争力，往往依靠打广告宣传销售各自的产品；二是保健品产业利润空间大，市场准入门槛低。由于保健食品的专业性比较强，保健食品广告也就成为了信息最为不对称的广告。违法保健品广告不仅扰乱了市场秩序，还给广大消费者造成了难以弥补的人身损害和财产损失。新《广告法》增加了对保健食品广告的规范，要求保健品广告不得含有以下内容：

第一，表示功效、安全性的断言或者保证。曾有某保健品广告称“××软胶囊，滋阴生津，益寿延年”、“服了××片，根治糖尿病，承诺无效退款”。电视上、广播中，经常能听到类似的广告词，将功效吹得神乎其神，而往往“葫芦”里卖的多为保健食品。类似夸张的保证功效、安全性的保健食品广告属于典型违法广告。

第二，涉及疾病预防、治疗功能。和普通食品一样，保健食品并不具有治疗疾病功能。但保健食品广告往往运用医疗语夸大疗效，且用词夸张。例如，有的保健品广告称“以冬虫夏草、人参等名贵中草药制成的，具有抗疲劳和免疫调节的保健作用，可消除疲劳，提高免疫力，增强体质”的作用。如此违法虚假宣传会使一些公众轻信广告内容，购买不必要的产品，甚至贻误病情。

第三，声称或者暗示广告商品为保障健康所必需。例如，某保健食品广告宣称“××胶囊就是免疫力，补充每日成人所需的蛋白量”，意指成人通过服用该胶囊可以补充每日所需的蛋白量，暗示了商品为日常生活所必须，违反《广告法》的规定。

第四，与药品、其他保健食品进行比较。例如，“巨人吃饭香”（一种儿童营养保健品）曾在其广告宣传手册上攻击竞争对手“娃哈哈儿童营养液”，称其“有激素，造成小孩早熟，产生许多现代儿童病”，后遭到娃哈哈集团的起诉。该行为既违反了《广告法》的规定，也构成了不正当竞争行为。

第五，利用广告代言人作推荐、证明。现实生活中，有不少保健食品广告邀请“患者”或“医生”等专业人士为商品的使用疗效现身说法。专门从事医学研究和医疗工作的单位和人员，在人们的心目中具有很高的权威性，特别是病人，更是对这些单位和人员视为救星、神明；利用患者的名义和形象作证明，往往使人产生该患者因为使用了某种保健品而得到康复的形象。因此，如果在广告中利用包括医生、患者在内的广告代言人名义和形象作证明，对消费者的影响力是十分巨大的，容易产生误导作用。

新《广告法》还规定，保健食品广告应当显著标明“本品不能代替药物”。广播电台、电视台、报刊音像出版单位、互联网信息服务提供者不得以介绍健康、养生知识等形式变相发布保健食品广告。

50. 新《广告法》对婴儿乳制品、饮料和其他食品广告有什么要求？

国际社会公认母乳是婴儿成长最自然、安全、完整的天然食物，母乳喂养应该鼓励和促进。新《广告法》规定，禁止在大众传播媒介或者公共场所发布声称全部或者部分替代母乳的婴儿乳制品、饮料和其他食品广告。明令禁止婴儿乳制品、饮料和其他食品广告中含有“部分或全部替代母乳”作用的内容，原因主要包括两点。第一，有些婴儿乳制品企业，借助医院的渠道，以讲座、传单、赠品等形式推销奶粉，很容易误导消费者，使消费者误认为是来自专业机构、正规医院的建议，盲目购买，带来不良影响。我国的《母乳代用品销售管理办法》、《食品广告发布暂行规定》对于这样的行为都有明令禁止。第二，国际上对于"替代母乳"产品广告也是严厉打击。母乳所含的天然营养成分对于婴儿早起发育起着关键作用，广告中宣称的"接近母乳"都属于虚假夸大。医学研究表明，过早吃奶粉会导致母乳分泌更少。婴幼儿奶粉一般都比天然母乳香，婴儿从风味上就更倾向于奶粉。若一开始就接触奶粉，这就令他们吃母乳的机会大大减少，而哺乳妈妈母乳分泌量也会随之越来越少，从而形成一个恶性循环，降低母乳喂养率，这是极不利于婴儿成长发育的。综上，禁止布声称全部或者部分替代母乳的婴儿乳制品、饮料和其他食品广告，旨在与国际惯例接轨，结合我国实际情况，保护婴儿身心健康，促进母乳喂养。

此外，《广告法》特别对广告发布媒介进行了说明，"大众传播媒介或者公共场所"既包含了如报刊、电视、互联网等广告平台，也包含了医疗健康机构等公众场所。广告主体在实践中应当注意，除了声称"全部或部分替代母乳的婴儿乳制品广告"以外，类似的"饮料和其他食品广告"，例如米糊等婴儿的辅食、婴儿营养保健品广告内容等，也都必须遵守相关要求，切实保障文明诚信的市场秩序。

51. 新《广告法》对农药广告有什么要求？

我国是个农业大国，在日常的生产活动中农药的使用量十分巨大，科学地使用农药不仅是提高农作物产量质量的重要保证，也对人民群众的身体健康和环境安全产生深刻的影响。根据《中华人民共和国农药管理条例》的规定，农药是指用于预防、消灭或者控制危害农业、林业的病、虫、草和其他有害生物以及有目的地调节植物、昆虫生长的化学合成或者来源于生物、其他天然物质的一种物质或者几种物质的混合物及其制剂。国家工商行政管理局与农业部联合发布的《农药广告审查办法》规定，凡利用各种媒介或形式发布的关于防治农、林、牧业病、虫、草、鼠害和其他有害生物（包括病媒害虫）以及调节植物、昆虫生产的农药广告，均视为农药广告。

为了保证农药广告的真实、合法、科学，国家工商行政管理局于1995年颁布的《农药广告审查标准》中明确规定：农药广告中不得含有不科学地表示功效的断言或者保证，如"无害"、"无毒"、"无残留"、"保证高产"等；不得含有有效率及获奖的内容；不得含有农药科研、植保单位、学术机构或者专家、用户的名义、形象作证明的内容；不得使用直接或者暗示的方法，以及模棱两可、言过其实的用语，使人在产品的安全性、适用性或者政府批准等方面产生错觉；不得滥用未经国家认可的研究成果或者不科学的词句、术语；不得含有"无效退款”、“保险公司保险”等承诺；不得出现违反农药安全使用规定的用语、画面。

农药作为特殊商品，为了在法律制度的层面上进一步对之进行规范，新《广告法》对于农药广告在原《广告法》的基础上进行了完善，提出了明确的禁止性要求：第一，不得含有表示功效、安全性的断言或者保证。如“无害”、“无毒”、“无残留”、“保证高产”、“疗效最佳”、“药到病除”、“根治”、“安全预防”、“完全无副作用”等表示功效的断言。再比如“无效退款”、“保险公司保险”等承诺。第二，不得利用科研单位、学术机构、技术推广机构、行业协会或者专业人士、用户的名义或者形象作推荐、证明。比如，在农药广告中不得含有农药科研、植保单位、学术机构或者专家、用户的名义、形象作证明的内容；在兽药广告中不得含有利用兽医医疗、科研单位、学术机构或者专家、兽医、用户的名义、形象作证明的内容。第三，不得说明有效率。第四，不得有违反安全使用规程的文字、语言或者画面。第五，不得有法律、行政法规规定禁止的其他内容。

52. 新《广告法》对兽药广告有什么要求？

兽药是用于预防、治疗和诊断动物疾病的特殊商品，是养殖业生产中不可或缺的重要物质，事关重大动物疫病防控成效和养殖业健康发展，事关动物产品质量安全和公共卫生安全。我国在根据《兽药广告审查办法》的规定中指出，凡利用各种媒介或者形式发布用于预防、治疗、诊断畜禽等动物疾病，有目的地调节其生理机能并规定作用、用途、用法、用量的物质（含饲料药物添加剂）的广告，包括企业产品介绍材料等，均属于兽药广告。

我国兽药生产企业广告投入仍以平面媒体为主。近年来，我国兽药广告宣传在行业内迅速发展，兽药广告投放量加大。据统计，目前全国兽药企业约 2000 家，产品种类约 2000 多种，年产值约 200 多亿元。兽药广告是企业推广兽药产品及形象传播的重要途径之一，对消费者了解相关兽药产品信息具有重要的意义，同时也为发展、引导兽医药行业起到了不可或缺的作用。如果兽药广告不能客观、准确地向消费者传递真实、有效地产品信息，不仅不能达到积极的宣传效果，还会损害消费者利益，扰乱兽药市场。2004 年颁布实施的《兽药管理条例》规定，兽药广告的内容应当与兽药说明书内容相一致，在全国重点媒体发布兽药广告的，应当经国务院兽医行政管理部门审查批准，取得兽药广告审查批准文号。在地方媒体发布兽药广告的，应当经省、自治区、直辖市人民政府兽医行政管理部门审查批准，取得兽药广告审查批准文号；未经批准的，不得发布。为了保证兽药广告的真实、合法、科学，国家工商行政管理局颁布的《兽药广告审查标准》明确规定：兽药广告中不得含有不科学地表示功效的断言或者保证。如“疗效最佳”、“药到病除”、“根治”、“安全预防”、“完全无副作用”等；兽药广告不得贬低同类产品，不得与其他兽药进行功效和安全性对比；兽药广告中不得含有“最高技术”、“最高科学”、“最进步制法”、“包治百病”等绝对化的表示；兽药广告中不得含有治愈率、有效率及获奖的内容；兽药广告中不得含有利用兽医医疗、科研单位、学术机构或者专家、兽医、用户的名义、形象作证明的内容；兽药广告不得含有直接显示疾病症状和病理的画面，也不得含有“无效退款”、“保险公司保险”等承诺。

兽药广告是一种特殊的药品广告，原《广告法》对兽药广告没有规定。新《广告法》中增加了关于兽药广告准则，从兽药广告中不得含有的内容，兽药广告的事前审查规定，违法者应承担的法律责任等方面做了全面的规定。兽药广告不得含有的内容包括：表示功效、安全性的断言或者保证；利用科研单位、学术机构、技术推广机构、行业协会或者专业人士、用户的名义或者形象作推荐、证明；说明有效率；违反安全使用规程的文字、语言或者画面；法律、行政法规规定禁止的其他内容。此外，发布兽药广告，应当在发布前由有关部门对广告内容进行审查；未经审查，不得发布。

53. 新《广告法》对饲料和饲料添加剂广告有什么要求？

饲料是指经工业化加工、制作的供动物食用的产品，包括单一饲料、添加剂预混合饲料、浓缩饲料、配合饲料和精料补充料。饲料添加剂，是指在饲料加工、制作、使用过程中添加的少量或者微量物质，包括营养性饲料添加剂和一般饲料添加剂。饲料和饲料添加剂的质量优劣不仅与动物产品质量安全有关，还直接关联着公众的人身安全与健康。饲料和饲料添加剂这些特殊商品的质量不仅与畜产品的质量有关，而且关系到我们的生存环境、身体健康和公共安全。保证这些特殊商品广告内容的真实、合法、科学具有非常重要的现实意义。

原《广告法》对饲料和饲料添加剂广告没有规定。新《广告法》对饲料和饲料添加剂广告的内容提出了禁止性要求，具体包含五点：第一，表示功效、安全性的断言或者保证。例如，有的饲料和饲料添加剂广告宣称“某猪饲料，无毒无害配方，保证缩短出栏5日”，即对饲料和饲料添加剂的功效、安全性的断言或者保证，属于违法情形。第二，利用科研单位、学术机构、技术推广机构、行业协会或者专业人士、用户的名义或者形象作推荐、证明。例如，某饲料公司将印有用户照片、电话等私人信息的广告海报、横幅悬挂在公共场所。广告宣传语包含“蔡村陈某使用某饲料，生猪长肉快又多”。第三，说明有效率。例如，某“健长素”饲料添加剂广告宣传“用量小、成本低、可达八成出肉率”，即说明了添加剂的有效率，属违法广告。第四，违反安全使用规程的文字、语言或者画面。饲料和饲料添加剂广告中不得出现有安全隐患的使用、操作性文字、语言、画面，否则会误导消费者，造成不必要的损失。第五，法律、行政法规规定禁止的其他内容。相关广告主体还应当参考《饲料和饲料添加剂管理条例》等相关法律、行政法规，作为广告内容的规范参照。

54. 为什么要广泛禁止烟草广告？

根据《中华人民共和国烟草专卖法》的规定，卷烟、雪茄烟、烟丝、复烤烟叶统称烟草制品。烟草专卖品是指卷烟、雪茄烟、烟丝、复烤烟叶、烟叶、卷烟纸、滤嘴棒、烟用丝束、烟草专用机械。《烟草广告管理暂行办法》规定：烟草广告，是指烟草制品生产者或者经营者发布的，含有烟草企业名称、标识，烟草制品名称、商标、包装、装潢等内容的广告。世界卫生组织《烟草控制框架公约》将烟草广告定义为：“任何形式的商业性宣传，推介或活动，其目的、效果或可能的效果在于直接或间接地推销烟草制品或促进烟草使用。”烟草广告作为烟草这种特殊商品的广告，其影响不容忽视。

吸烟有害健康早已成为国际社会的共识，世界上很多国家都制定有专门的烟草广告准则，将烟草广告作为监管的重点。世界卫生组织从 1969 年开始致力于推动全球范围的控烟工作。2003 年 5 月世界卫生组织通过的第一个具有国际法约束力的《烟草控制框架公约》，这是第一个旨在限制全球烟草和烟草制品的公约。我国政府于 2003 年 11 月 10 日在纽约联合国总部签署了该“公约”，成为第 77 个缔约国。从国内情况来看，我国政府最早表明控烟态度的是 1979 年，由卫生部、财政部、农业部、教育部、轻工部五个单位联合制定的《关于宣传吸烟有害与控制吸烟的通知》。1987 年国务院颁布了《中华人民共和国广告管理条例》；1991 年国家颁布了《中华人民共和国烟草专卖法》，作为第一部专门管理烟草制品的法律；1995 年出台了广告法。形成了以《中华人民共和国广告法》为核心，以《烟草广告管理暂行办法》为主要依据，以国家工商总局针对烟草广告所做的各种规定为辅助的规范烟草广告的法律体系。

在我国，对“吸烟危害”的宣传依然不够，国家对吸烟的限制还比较宽松，烟草广告比较混乱。原《广告法》有关规定未涉及互联网等媒介，有些烟草厂家利用网站、微博等新媒体上大做广告营销。由于新媒体传播的快速、广泛、可复制性强等特点，此类烟草营销对青少年群体的危害尤为深远，且有愈演愈烈之势。还有些商家，避开法律禁止性的规定，采用变相的手段进行烟草广告宣传。

未成年人是烟草消费的潜在用户，青少年接触到烟草企业发布的各式各样的广告，很容易因为好奇心驱使而尝试吸烟，身受其害。2014 年，中国控烟协会监测发现儿童、青少年几乎毫无保护地暴露在烟草环境中：学校附近烟草零售店向学生售卖香烟；街头的“抓烟”游戏；面向未成年人销售的烟草仿制食品，比如“魔烟爽果粉”、“进口如烟糖”，将糖果做成香烟形状卖给未成年人。未成年人的健康成长要求广泛禁止烟草广告。

55. 新《广告法》对烟草广告做了哪些规定？

在《广告法》修订之前，我国已经形成了以《广告法》为核心，以《烟草广告管理暂行办法》为主要依据，以国家工商总局针对烟草广告所做的各种规定为辅助的规范烟草广告的法律体系。从内容上分析，有关规范烟草广告的法律规定主要由禁止性规定、命令性规定和行政许可三部分构成：一是禁止性规定。禁止利用广播、电影、电视、报纸、期刊等大众传播媒介发布烟草广告；禁止在候车室、影剧院、会议厅堂、体育比赛场馆等公共场所设置烟草广告；禁止在烟草广告中出现吸烟形象、未成年人形象、鼓励怂恿吸烟的情形；禁止在烟草广告中出现吸烟有利于人体健康、解除疲劳、缓解精神紧张的内容。二是命令性规定。发布烟草广告必须履行一些法定的义务，主要是要求烟草广告中必须标明“吸烟有害健康”的警语，并且警语必须清晰、易于辨认，所占面积不得少于全部广告面积的10%。三是烟草广告活动必须取得行政许可。在国家禁止范围之外的媒体或者场所发布烟草广告，必须经省级以上广告监督管理机关或者其授权的省辖市广告监督管理机关的批准；烟草经营者或者被委托人直接向商业服务业的销售点和居民住所发送烟草广告，必须经所在地县级以上广告监督管理机关的批准。

新《广告法》在原有法律、法规规定的基础上，对烟草广告进行广泛限制，具体内容包括：

第一，禁止在大众传播媒介发布烟草广告。大众传播媒介主要是指广播、电影、电视、报纸、期刊、图书、音像制品、电子出版物、移动通信网络、互联网等。大众传媒直接面向社会公众，具有很大的传播影响力，禁止在这些媒体上发布烟草广告，可以很好地减少烟草广告的影响，特别是有利于减少青少年吸烟人数，阻止吸烟低龄化倾向。1987 年国务院颁布的《中华人民共和国广告管理条例》首次以行政法规的形式对烟草广告的发布媒体作出限制，禁止利用广播、电视、报刊为卷烟做广告。1991 年国家颁布的《中华人民共和国烟草专卖法》也明确规定：禁止在广播电台、电视台、报刊播放、刊登烟草制品广告。1995 年实施的原《广告法》第十八条将广播、电影，电视、报纸、期刊列入了禁止发布烟草广告的大众媒体范围。至此，几大传统的大众媒体都成为了烟草广告的禁区。随着互联网等新媒体的出现，原《广告法》的规定显得越来越滞后。依据广告是否直接针对烟草制品，可以将烟草广告分为直接烟草广告和变相烟草广告两种类型。原《广告法》实施后，直接宣传烟草的广告在广播、电视、电影、报纸、期刊上已经难觅踪影，但是变相烟草广告依然存在。《烟草广告管理暂行办法》虽然规定了“禁止利用广播、电视、电影节目以及报纸、期刊的文章变相发布烟草广告”，但是对于什么是变相烟草广告，现行法律法规并未予以明确界定，这为变相烟草广告留了很大的施展空间。常见的变相烟草广告形式主要有：通过新闻报道在电视、包装、杂志、电台等媒体上进行企业形象宣传；利用产品命名宣传品牌形象，如电视台栏目冠名、大型活动冠名、公益赞助等工商联手，有机会、有针对性地开展各类中断促销；在重点市场、醒目位置的大型户外广告宣传。新《广告法》不再采用列举的方式，而是概括性地规定“禁止在大众传播媒介”发布烟草广告。这就意味着所有大众传播媒介均成为了烟草广告的禁区，不再分传统媒介、新兴媒介还是将来可能出现的更新的大众传播媒介，也不再区分直接发布烟草广告还是间接变相发布烟草广告，一概予以禁止。

第二，禁止在公共场所发布烟草广告。在公共场所吸烟不仅影响自身健康，而且对周国人群也同样会造成伤害。医院、学校和公共交通工具内是更加特殊的公共场所，在这些公共场所吸烟对患者、青少年和乘客的危害更大。正因为如此，在公共场所开展禁烟具有更加特殊的意义。1985 年 10 月 1 日起，全国铁路在不吸烟车厢内禁止吸烟。1987 年 6 月 1 日，北京火车站全站禁烟，成为我国第一个无烟车站。之后，禁烟的公共场所范围越来越大。2015 年 6 月 1 日起实施的《北京市控制吸烟条例》明确规定：“公共场所、工作场所的室内区域以及公共交通工具内禁止吸烟。”而且还规定，下列公共场所、工作场所的室外区域禁止吸烟：规定列为禁止吸烟的公共场所包括：幼儿园、中小学校、少年宫、儿童福利机构等以未成年人为主要活动人群的场所；对社会开放的文物保护单位；体育场、健身场的比赛区和坐席区；妇幼保健机构、儿童医院。该“条例”被媒体称为有史以来“最为严厉”的控烟条例。在号召全社会公共场所禁烟的背景下，如果法律允许在各类等候室、影剧院、会议厅堂、体育比赛场馆、图书馆、文化馆、博物馆、公园等公共场所以及医院和学校的建筑控制地带、公共交通工具上等禁止吸烟的公共场所发布烟草广告，那与禁烟精神将是背道而驰的。新《广告法》对禁止发布烟草广告的公共场所也不再采用列举的方式，而是采取了概括的方式，明确规定禁止在“公共场所”发布烟草广告。通俗地讲，“公共场所”泛指向不特定的人开放的所有场所，而不限于我们通常理解的各类等候室、影剧院、会议厅堂、体育比赛场馆、图书馆、文化馆、博物馆、公园、商场、医院、学校等人群聚结的场所。

第三，禁止在公共交通工具上发布烟草广告。公共交通工具主要是指从事旅客运输的各种公共汽车、大出租车、火车、船只、飞机等交通运输工具，公共交通工具是人群聚集的场所，也是人群流动性较大的场所，而且由于公共交通工具自身的流动性，其活动空间非常大。这些特征决定了利用公用交通工具发布烟草广告的受众数量会非常庞大，影响范围比静止广告的影响范围要大的多。

第四，禁止发布户外烟草广告。户外广告是指利用户外场所、空间、设施等发布的广告，主要包括：利用户外场所、空间、设施发布的，以展示牌、电子显示装置、灯箱、霓虹灯为载体的广告；利用交通工具、水上漂浮物、升空器具、充气物、模型表面绘制、张贴、悬挂的广告；在地下铁道设施，城市轨道交通设施，地下通道，以及车站、码头、机场候机楼内外设置的广告；法律、法规和国家工商行政管理总局规定应当登记的其他形式的户外广告。利用交通工具发布的广告也属于户外广告的一种形式。原《广告法》没有禁止户外烟草广告，但是根据有关法律规定，利用户外广告选宣传烟草制品必须经省级以上广告监督管理机关或者其授权的省辖市广告监督管理机关批准。近几年来，考虑到吸烟有害健康等问题，国家已经几乎不再审批户外烟草广告了。本条明确规定禁止在公共交通工具、户外发布烟草广告，是一种非常重要的进步。

第五，禁止向未成年人发送任何形式的烟草广告。未成年人吸烟不仅会对身体正常发育造成影响，长期吸烟更对其一生造成严重危害。因此预防未成年人吸烟是我国控烟工作的一项重要内容。另外，未成年人是成年烟民的“后备军”，预防未成年人吸烟直接决定着控烟工作的成败。中国疾病预防控制中心发布的2014 年中国青少年烟草调查报告显示，我国 19.9% 的学生尝试过使用烟草制品，13 岁以前尝试的比例高达 82.3%，我国初中生吸烟率呈上升趋势。该调查是我国第一次严格采用全球青少年烟草调查的标准方法，同时是我国首次兼具国家代表性和省级代表性的青少年烟草专项调查。该调查结果显示我国预防未成年人吸烟的现状不容乐观。未成年人生活及生长的环境对未成年人的健康成长影响非常大，大众传统媒体和公用场所发布的烟草宣传广告是诱发未成年人吸烟的一个主要因素。尤其是网络、电视、电影等媒介发布的烟草广告对未成年人的影响，更为突出，因为青少年是接触网络及电视等媒介的主要群体。世界卫生组织《烟草控制框架公约》的一个重要贡献是对未成年人的特殊保护制度，内容主要体现在第十六条的规定。“公约”要求“各缔约方在适当的政府级别采取和实施有效的立法、行政措施”禁止向未成年人出售烟草制品。其中与烟草广告法律制度相关的措施主要体现在：第一，对于直接烟草广告，“公约”规定应当在所有销售烟草制品的地方进行清晰醒目的告示，明确不得向未成年人出售烟草。第二，在间接烟草广告方面，“公约”要求不得将烟草制品的形状运用到糖果、点心、玩具或其他任何事物上销售给未成年人，因为这相当于在对未成年人具有吸引力的常接触的物品上间接进行烟草广告。第三，对于烟草促销活动，“公约”规定禁止以自选方式销售烟草制品，禁止向未成年人免费分发烟草制品。第四，在烟草制品包装方面，“公约”要求缔约方应努力禁止分支或小包装销售卷烟，因这种销售会提高未成年人对此类制品的购买能力。为了保护未成年的身心健康，给未成年人创造一个“无烟”的生活和学习环境，新《广告法》明确禁止“向未成年人发送任何形式的烟草广告”。

第六，禁止利用其他商品或者服务的广告、公益广告变相发布烟草广告。在广告实践中，利用其他商品或者服务的广告来宣传烟草制品名称、商标、包装、装潢以及烟草企业形象，是常见的变相烟草广告形式。公益广告是非商业广告，是某一社会现实问题的反映，旨在倡导某种对社会公众有益的观点，广告主只能在广告结尾处不显著位置署广告主企业的名称。近年来，一些烟草企业以公益作为幌子，通过赞助、捐赠等公益手段进行企业社会形象的商业推广，达到提高烟草销售量的目的。比如，以烟草品牌冠名希望小学。这种慈善或公益行为看似是为社会做贡献，究其本质，还是为自己的企业和烟草产品做宣传。因此，新《广告法》第二款明确规定，禁止领用其他商品或者服务的广告、公益广告中宣传烟草制品名称、商标、包装、装潢以及类似内容。

第七，禁止利用发布的迁址、更名、招聘等启事变相发布烟草广告。由于原《广告法》明确禁止在广播、电视等大众传媒上发布烟草广告，近年来各种变相烟草广告开始泛滥。烟草制品生产者或者经营者通过发布迁址、更名、招聘等启事，将烟草制品名称、商标、包装、装潢以及类似内容纳入其中，变相进行烟草广告宣传。早在 1996 年国家工商行政管理局发布的《烟草广告管理暂行办法》就对此作出过明确禁止。该办法第九条规定：烟草经营者利用广播、电视、电影、报纸、期刊发布迁址、换房、更名、招工、招聘等启事时，不得出现烟草制品名称、商标、包装。新《广告法》的立法目的正在于防止利用迁址、更名、招聘等启事变相发布烟草广告。

56. 新《广告法》规定的酒类广告准则的主要内容是什么?

酒文化有着悠久的历史传统，逢年过节人们都会饮酒助兴。但酒饮过量会带来很大影响：轻则酩酊大醉，失礼误事；重则危害生命健康，扰乱社会公共秩序。酒作为一种特殊的商品，酒类广告也需要以适当的表达准确地向消费者传递信息，不得夸张夸大，引诱消费者过量饮酒。

新《广告法》明确规定酒类广告不得包含这些内容：第一，诱导、怂恿饮酒或者宣传无节制饮酒。例如，曾有某品牌白酒广告画面显示，五名代言女明星，一边划船，一边歌唱经改编的歌曲《浏阳河》，“想唱就唱，想喝就喝，今年拜年，某某牌酒”。“想喝就喝”有随心所欲、无须节制的含义，故该广告有诱导无节制饮酒之嫌。第二，出现饮酒的动作。例如，某些酒类广告出现一位风度翩翩的少年品酒的形象，很容易吸引不具备判断力的青少年模仿，引发一系列问题。第三，表现驾驶车、船、飞机等活动。酒类广告中出现驾驶车、船、飞机等画面，容易让消费者将喝酒与驾驶联系起来，有造成酒驾的危险，危害社会公众安全。第四，明示或者暗示饮酒有消除紧张和焦虑、增加体力等功效。别有用心的商家利用广告语谐音、偷换概念等技巧来暗示或提示消费者饮酒可以缓解焦虑和疲劳，例如某品牌酒的广告语称“少喝一点对身体有好处”。

57. 新《广告法》是如何调整教育、培训广告的?

教育、培训广告是指通过报刊、广播、电视、互联网、印刷品等媒介刊播、张贴、散发的教育培训招生广告、简章、宣传册或通过这些媒体所做的教育培训机构宣传。

近年来，随着教育事业的快速发展，催生了不少教育培训机构，这些机构在传播教育文化、提供教育信息的同时，为了招揽生源，教育培训机构可谓招数用尽。尤其是在寒假和暑假期间，各类教育、培训机构的招生宣传广告铺天盖地。有些广告用语夸大其词，使用诸如“全市最佳”、“100%保证效果”、“排名第一”等绝对化用语；有些广告含有提高学习成绩、通过考试、就业前景和薪资待遇等保证性承诺；有些广告中打出“教师团队全国绝无仅有”、“成人大专、本科、研究生招生包考”等保证式断言；有些教育培训机构假冒“名师”或

“名校”进行虚假招生宣传；有些则虚构办学资质或教育背景欺骗和误导公众；还有的广告中宣称有考试机构或者其工作人员、考试命题人员参与。比如，北京某教育科技有限公司为推销《试题猜想》书籍，在广告中宣传“《试题猜想》第一次大规模集中了全国百位名师的心血力作……并经过7次科学论证……怪不得许多老师会把这套书当作考前最后一环”。经查证，这些内容均与事实不符。2013年，上海市工商部门在虚假违法广告专项整治活动中查处两起典型教育、培训虚假广告案件。某教育培训机构在通过互联网发布的招生广告中宣称：“至今已成功举办国际MBA、DBA学位班共二十多期，培养了近1000名精英人士，形成了一个高端的人脉交流平台”。其内容涉及虚假宣传，被工商部门处以2万元罚款。另一教育、培训机构在自制的印刷品广告中宣称：“已经培育高考学子近12万，其中重点大学录取率高达95%”，“已经培育中考学子近13万，其中重点高中录取率高达97.3%”，“227名学生考入北大、清华！辅导提分率达98%”，“‘中国保护消费者基金会’100万基金先行承保”。其内容涉及虚假宣传，被工商部门处以1万元罚款。总之，教育和培训类广告已经成为继药品、保健食品和招商投资广告之后又一个虚假广告的重灾区。

为了规范教育培训广告市场，保护消费者的合法权益，本条明确规定教育、培训广告不得含有下列内容：第一，对升学、通过考试、获得学位学历或者合格证书，或者对教育、培训的效果作出明示或者暗示的保证性承诺；第二，明示或者暗示有相关考试机构或者其工作人员、考试命题人员参与教育、培训；第三，利用科研单位、学术机构、行业协会、专业人士、受益者的名义或者形象作推荐、证明。

58. 理财产品广告内容应当符合哪些要求？

近年来，投资理财活动的活跃带动了招商、投资咨询、金融服务或者有投资回报预期的商品或者服务广告的发展。互联网金融兴起，理财投资的本金降低，操作简便，潜在市场需求大。同时，保险、期货、债券等商品或服务领域成为了虚假广告的多发区。例如，某理财产品广告宣称“高额收益”、“安全无忧”；同时没有在显著位置标明“投资有风险”的警示语，广告夸大的宣传使消费者忽略了投资的风险性。再比如，曾有人打着“托管造林”的幌子，以高额回报为诱饵，推出“合作造林，首选亿霖”的广告语。大肆宣传托管合作造林有“五大利润增值”和“六重保障”，“投资两年生速生杨回报率至少在45%以上，投资一年回报率至少在40%以上”。通过虚假广告宣传吸引投资者高价购买林地，开展林地传销活动，牟取非法暴利。该广告就是典型的违法广告，对未来效果、收益作出保证性承诺。

为进一步规范理财投资类的虚假广告，教育消费者理性投资，保护投资者的合法权益，新《广告法》对招商等有投资回报预期的商品或者服务广告作出了内容规范，要求招商等有投资回报预期的商品或者服务广告“应当对可能存在的风险以及风险责任承担有合理提示或者警示”，并不得含有下列内容：第一，对未来效果、收益或者与其相关的情况作出保证性承诺，明示或者暗示保本、无风险或者保收益等，国家另有规定的除外。第二，利用学术机构、行业协会、专业人士、受益者的名义或者形象作推荐、证明。招商投资等产品属于金融领域，需要具备一定的专业知识才能正确分析，故有的广告主利用金融行业的专业人士作形象代言人，以吸引普通消费者参购。现实生活中，互联网上常常打出以“专家”股评人员的名义推荐的理财产品广告，分析股市行情并推荐股票，容易误导消费者，造成财产安全损失。

59. 房地产广告内容应当符合哪些要求？

房地产广告是指房地产开发企业、房地产权利人、房地产中介服务机构发布的房地产项目预售、预租、出售、出租、项目转让以及其他房地产项目介绍的广告。居民及非经营性的售房、租房、换房的广告，按一般分类广告管理，不属于房地产广告。随着住房体制改革的深化和国民生活水平的提高，拥有一套自己的房产成了老百姓最大的生活愿望，购房也成了每个家庭最大的开支项目。一些家庭将几代人的积蓄都用在了购买房产上。在商品房销售实践中，绝大多数购房者对房产的第一印象都来自广告，广告巨大的社会影响力使得开发商不惜花费巨资打造楼盘广告，想尽一切手段以吸引广大潜在购房者的眼球，甚至采用违法违规广告向公众隐瞒真实情况，对楼盘作夸大宣传。由于立法上的滞后与广告监管方面的乏力，使得房地产广告一度成为虚假广告泛滥的重灾区。总之，立法上的滞后与广告监管方面的乏力，使得房地产广告一度成为虚假广告泛滥的重灾区。

为了规范房地产广告市场，保护购房者的合法权益，新《广告法》对房地产广告的准则做出相应的内容规范。要求“房地产广告，房源信息应当真实，面积应当表明为建筑面积或者套内建筑面积。”房屋的使用面积是购房人购买房屋的重要考核指标，也是商品房定价的重要参考要素。然而，很多房地产广告中将“建筑面积”与“使用面积”混淆，其结果让消费者误将建筑面积当成使用面积，其实建筑面积还包含着公摊面积。

新《广告法》还明确禁止房地产广告含有如下内容：

第一，升值或者投资回报的承诺。例如，有房地产使用“商铺本身高达30%的超额回报，升值效应火速引爆”的广告语，就属于对升值、投资回报的承诺，违反本条广告法。

第二，以项目到达某一具体参照物的所需时间表示项目位置。例如，有的楼盘广告为了吸引购房者，打出“距汽车东站5分钟，高铁站10分钟，机场15分钟”等广告，说法模糊，以时间、车程来表示距离或项目位置，易误导消费者。

第三，违反国家有关价格管理的规定。例如，某房地产项目在宣传初期，打出“起价6999元/平方米”的宣传语，实际上开盘时该价位房源仅有一两套，项目均价10000元/平方米左右，与起价相比差了3000元，严重误导消费者。

第四，对规划或者建设中的交通、商业、文化教育设施以及其他市政条件作误导宣传。例如，某房地产广告在示意图上标注“城南商业中心”，而实际上该商业中心并未建成投入使用，广告却未注明正在规划等内容。该广告标示的目的在于暗示消费者此地段未来有商圈或文化中心，以吸引购房者置业，但已构成违法的房地产广告。

60. 新《广告法》对种子、种畜禽、水产苗种和种养殖广告有哪些要求?

种子是指农作物和林木的种植材料或者繁殖材料，包括籽粒、果实和根、茎、苗、芽、叶等。种子广告的内容应当符合种子法和有关广告的法律、法规的规定，主要性状描述应当与审定公告一致。种畜禽是指种用的家畜家禽，包括家养的猪、牛、羊、马、驴、驼、兔、犬、鸡、鸭、鹅、鸽、鹌鹑等及其卵、精液、胚胎等遗传材料。水产苗种包括用于繁育、增养殖（栽培）生产和科研试验、观赏的水产动植物的亲本、稚体、幼体、受精卵、孢子及其遗传育种材料。种养殖包括种植和养殖，种植是指利用植物的生活机能，通过人工培育以取得粮食、副食品、饲料和工业原料；养殖是指利用畜禽等已经被人类驯化的动物，或者鹿、麝、狐、貂、水獭、鹌鹑等野生动物的生理机能，通过人工饲养、繁殖，使其将牧草和饲料等植物能转变为动物能，以取得肉、蛋、奶、羊毛、山羊绒、皮张、蚕丝和药材等畜产品。种子、种畜禽、水产苗种和种养殖等行业与农业密切相关，而农业是一个国家发展的基础，该类产品的特殊性决定其广告内容必须真实、准确。然而，近年来，在种子、种畜禽、水产苗种流通环节中，虚假广告坑农现象比较严重，一些不法商家利用墙体广告、广播电视、街头传单等形式发布虚假失实广告，导致消费者利益受损现象较为严重。为此，新《广告法》第二十七条规定，“农作物种子、林木种子、草种子、种畜禽、水产苗种和种养殖广告关于品种名称、生产性能、生长量或者产量、品质、抗性、特殊使用价值、经济价值、适宜种植或者养殖的范围和条件等方面的表述应当真实、清楚、明白”。

从保护广大农民的切身利益出发，新《广告法》第二十七条还对农作物种子、林木种子、草种子、种畜禽、水产苗种和种养殖广告的内容作出了禁止性规定，要求这些广告中不得含有以下内容：

第一，作科学上无法验证的断言。例如，某种子广告声称“每桶种子的称纯度达到97%以上”，而所谓具体每一桶“纯度”难以经过科学验证，“≥97%”的断言便是无源之水、无本之木。

第二，表示功效的断言或者保证。例如，部分水产苗种商家在广告中宣称“鱼苗存活率高、患病可能性小，品质保证……”根据常识可知，鱼苗在不同的水域条件下存活率、健康状况都会不一样，广告轻率地对其功效作出断言保证，易误导消费者。

第三，对经济效益进行分析、预测或者作保证性承诺。如，夸大其词误导消费者，部分种子商家为诱惑消费者购买其产品，在包装上冠以“产量奇高、果实超大、收入巨丰”、“亩产值可达××元”等诱惑力极强的虚假广告词，或对产量作出预测性保证承诺。

第四，利用科研单位、学术机构、技术推广机构、行业协会或者专业人士、用户的名义或者形象作推荐、证明。如借助专家名义引诱消费者，不良商家常利用某科研专家等权威形象，或是产品用户作推荐或者证明产品的效果，误导消费者，以达到增加种子、种畜禽、水产苗种和种养殖等销量和抬高价格的目的。

61. 新《广告法》是如何定义虚假广告的？

虚假广告不仅侵害了消费者的合法权益，对其他合法经营者的权益造成了损害，也扰乱了正常的市场经济秩序。因此，各国法律都非常重视对虚假广告的打击和治理。我国早在1987年国务院发布的《广告管理条例》中就确立了广告的真实性原则，并明确规定：广告内容必须真实、健康、清晰，不得以任何形式欺骗用户和消费者。广告法的基本原则是制定相关广告法律法规的立法准则，也是开展广告活动和进行广告执法的指南。1994年第八届全国人大常务委员会通过的原《广告法》也明确规定：广告应当真实、合法，符合社会主义精神文明建设的要求。同时，在其他条文中规定：广告不得含有虚假的内容，不得欺骗和误导消费者；广告中对商品的性能、产地、用途、质量、价格、生产者、有效期限、允诺或者对服务的内容、形式、质量、价格、允诺有表示的，应当清楚、明白；广告使用数据、统计资料、调查结果、文摘、引用语，应当真实、准确，并表明出处。

原《广告法》没有给虚假广告下定义，也没有列举虚假广告的具体情形，这给执法实践中，认定和打击虚假广告带来了一定的困难。新《广告法》明确了虚假广告的含义，并具体规定了虚假广告的几种典型情形。这种将认定标准与具体情形列举相结合的规定，增强了执法的可操作性，将有利于对虚假广告的查处和打击。

新《广告法》第二十八条规定，广告以虚假或者引人误解的内容欺骗、误导消费者的，构成虚假广告。广告有下列情形之一的，为虚假广告：（一）商品或者服务不存在的；（二）商品的性能、功能、产地、用途、质量、规格、成分、价格、生产者、有效期限、销售状况、曾获荣誉等信息，或者服务的内容、提供者、形式、质量、价格、销售状况、曾获荣誉等信息，以及与商品或者服务有关的允诺等信息与实际情况不符，对购买行为有实质性影响的；（三）使用虚构、伪造或者无法验证的科研成果、统计资料、调查结果、文摘、引用语等信息作证明材料的；（四）虚构使用商品或者接受服务的效果的；（五）以虚假或者引人误解的内容欺骗、误导消费者的其他情形。

62. 不实广告有哪些具体类型？

虚假广告大体上可以分为不实广告和误导广告两大类，其中，不实广告是指以无中生有、编造根本不存在的事实或歪曲、隐瞒事实真相的手法发布的广告。主要特点是：广告行为人主观上具有明显的故意欺骗性，并以牟取非法利益为目的，通过对商品或服务做虚伪不实的宣传，诱使消费者上当受骗，购买其商品或服务。行为手段包括编造、伪造、虚夸、说谎、省略等。实践中，具体有以下几种表现形式：

第一，宣传的商品或服务根本不存在。这类不实广告是指客观上没有任何商品、服务，主观上也没有提供任何商品、服务的打算，虚构客观上并不存在的商品、服务，从而骗取钱财的广告。比如，通过对虚假不存在的产品或服务进行介绍推销，骗取邮购预定、培训报名或中介服务等费用；以寻求“加工”、“接产”或转让传授技术以及出售具有实用价值的技术资料或者致富信息为名骗取钱财。诱饵调包式广告是此类不实广告的一种特殊类型。诱饵调包式广告是指以广告宣传的产品为幌子，吸引消费者前来购买，消费者想要购买时，广告主以“已经售完”、“产品质量不好”等理由表示不能出售，同时向消费者推荐其他产品。

第二，宣传的商品或服务的信息与实际情况明显不符。具体说来，此类不实广告中宣传的商品的性能、产地、用途、质量、制作成分、价格、生产经营者、有效期限或者服务的内容、形式、质量、价格等信息与实际情况明显不符，违反了真实性的基本原则。对于这种类型的不实广告，我国《反不正当竞争法》和《消费者权益保护法》已有明文规定。《反不正当竞争法》规定：经营者不得利用广告或其他方法，对商品的质量、制作成分、性能、用途、生产者、有效期限、产地等作引人误解的虚假宣传。《消费者权益保护法》也规定：经营者应当向消费者提供有关商品或服务的真实信息，不得作引人误解的虚假宣传。这类虚假广告推销的经常属于伪劣商品或服务。

第三，谎称商品或者服务经审查批准或者认证、获得奖项或者荣誉称号，假冒或虚构知名企业名称、专利、商标、省优、部优标志、原产地等。这类不实广告通过虚构审批、奖项、荣誉称号、专利等，夸大宣传商品或者服务的某方面特质，是法律应该禁止的。比如，曾被媒体曝光的“百年欧典”虚假广告，谎称“欧典地板系德国百年品牌，总部设在德国，产品行销全球80多个国家”。实际上，广告中所谓的德国总部根本就不存在，所谓的“百年品牌”其实也只有6年历史。

第四，使用虚构、伪造或者无法验证的科研成果、统计资料、调查成果、篡改广告审批内容等。在广告中使用虚构、伪造或者无法验证的科研成果、统计资料、调查成果、篡改广告审批内容，违反了广告法的真实性、准确性原则。比如，某广告宣传，使用某种电子人体增高器，一周内便可增高3厘米，此数据就纯属虚构，导致大批购买者上当受骗。再比如被媒体曝光的“藏秘排油”虚假广告，严重篡改广告审批内容，假借“亚洲藏茶医学保健研究所”的名义，围绕着西藏的概念对普通的减肥茶大作虚假宣传。

第五，虚构广告参与者使用商品或者接受服务的经历，对商品或服务进行宣传。比如，虚构普通群众使用商品或接受服务的经历。在广告活动中，广告主体可以通过虚构广告参与者的亲身使用商品或者接受服务的经历，提高商品或服务的影响力度，进而赢得消费者的认同。再比如，公众人物代言不实广告。利用普通消费者对公众人物的崇拜心理，聘请公众人物代言产品，以此刺激消费者的购买欲望，是商家经常采用的广告宣传手段之一。很多消费者都是因为看过一些明星对产品做的广告后，出于对心中偶像的崇拜与信任而购买了广告中的产品，代言行为对广告宣传具有放大效应。著名案例有“三鹿奶粉事件”。在三鹿奶粉的代言广告中，代言人喊出“专业生产，品质有保证，名牌产品，让人放心，还实惠。三鹿慧幼婴幼儿奶粉，我信赖。”很多消费者正是在明星效应的影响下才去购买，却遭受了重大损失。

第六，宣传的商品功效超出主管部门批准范围。广告不得背离所宣传的商品或服务实际功效，不得使用一些夸大渲染或根本无法实现的措辞。对于商品功效，广告中不得使用不科学的表示功效的断言和保证，医疗类虚假广告往往属于此类。此类广告经常含有不科学的表示功效的断言或者论断，或说明治愈率或有效率，或利用医药科研单位、学术机构、医疗机构或者专家、医生、患者的名义和形象作证明。同时，关于商品的使用范围和适用人群，广告宣传用语也应当严格限制在主管部门批准范围之内，不得超出核定范围进行夸大宣传。比如，药品广告不得超出核定的说明书内容夸大其主治范围。

第七，非药品、非医疗器械或者非医疗服务广告宣传治疗作用。药品、医疗器械、医疗服务广告由于内容涉及人体生命健康，所以更应对其进行严格规制。法律明确界定，除药品广告、医疗器械广告、医疗服务广告可以在主管部门批准范围之内真实宣传其治疗作用以外，其他广告均不得宣传治疗作用。比如，保健品广告不得超出核定的保健功能宣传具有药品的治疗功效。

63. 误导广告有哪些具体表现形式？

虚假广告大体上可以分为不实广告和误导广告两大类，其中，误导广告是指引人误解的虚假广告，即对商品或服务的情况作使购买者容易产生错误理解的宣传，诱使购买者对商品或服务产生不切实际的错误理解，从而影响消费者选择的广告。此类广告由于具有严重的误导性，亦归属于虚假广告。误导广告宣传的内容也许是真实的，或者部分内容是真实的，但是由于巧妙的措辞、隐瞒的暗示、投机的省略、断章取义的引用以及采用刁钻的表现角度，使宣传内容表达不确切、不明白而藏有陷阱，具有极大的迷惑性和误导性，诱使消费者产生不切实际的期望，并影响其购买决策和其他经济行为。相对于不实广告而言，误导广告的隐蔽性更强。实践中常见的表现为以下几种形式：

第一，隐瞒或者混淆商品和服务的重要信息。该类型的误导广告，在宣传中故意隐瞒或者混淆商品或服务的重要信息，通常表现为隐瞒商品或服务本身具有法律、法规要求应予明示的瑕疵。比如，以散发说明书的形式对药品作广告宣传，但是说明书中并不说明药品禁忌症或本身具有的毒副作用；一家美国公司在广告中声称自己的产品“只需60分钟”就能使草坪变绿，而且“还能使它365天保持常青”。广告中的每字每句都属实，只是广告未提及该产品内含水溶性燃料，也未提及为保持草坪常青，需一次又一次地浇洒这种水剂，使消费者得到错误的总体印象，此广告被判为虚假广告。

第二，使用明显的歧义性表述，造成消费者错误判断。比如，广告中宣称“买一送一”，却不明确标明赠送的品种、数量、价值或有效期限，消费者一般都会将“买一送一”理解为赠送与所购买产品同等的产品，即以一件产品的价格购买两件同等产品。但实际上，广告中宣称的“送一”，往往并非指同等产品，而是价格低廉、存在瑕疵或有效期将至的另类产品，有的甚至将“送”的商品价格暗中包括在“买”的商品价格之内；某房地产广告商宣称“距火车站五百公尺”，事实上也确实是五百公尺左右，但这种距离却是无法直接通行的直线距离，因为由于火车沿线栅栏的阻隔，必须绕过两千公尺的地下道，绕道后距火车站竟达四公里之远。这种“距火车站五百公尺”虽属事实，但显然是引人误解的。

第三，利用科学技术手段、艺术表达方式，误导消费者。广告本来就是一种艺术，适当的夸张是广告常用的一种手法，也是法律所允许的。适当的夸张，可以增强广告的感染力和影响力，更好地宣传产品或者服务。当然，使用夸张手法的广告也应有个限度，一旦夸张过度，就极易引起误解，极易构成误导广告。比如，某补钙口服液在电视上的广告，模特诉说“这人一上了年纪，就容易腰酸、背痛、脚抽经，这也是病，得补钙，服用某某牌补钙口服液腰不酸了、背不痛了、脚也不抽筋了。”我们知道，补钙口服液仅具有增加人体钙的功能，并没有治疗腰、背、脚的疼痛问题，但是该广告的表达方式容易误导消费者，暗示该牌口服液有治疗疼痛的作用，属于误导广告。

64. 新《广告法》对广播电台、电视台、报刊出版单位从事广告发布业务有哪些规定？

广告活动是市场经济条件下不可缺少的一项经营性活动，广播电台、电视台、报刊出版单位作为大众传播媒介，从事广告发布业务必须遵守《广告法》的相关规定。新《广告法》第二十九条规定：“广播电台、电视台、报刊出版单位从事广告发布业务的，应当设有专门从事广告业务的机构，配备必要的人员，具有与发布广告相适应的场所、设备，并向县级以上地方工商行政管理部门办理广告发布登记。”

第一，必须设有专门从事广告业务的机构。广播电台、电视台、报刊出版单位这些大众传播媒体都是最常见的广告发布主体，但是这些主体的主要业务并不是广告业务，发布广告只是它们的一项兼营业务。广播电台、电视台、报刊出版单位从事广告发布业务的，应当设有专门从事广告业务的机构，一方面有利于提高广告业务的专业化水平；另一方面，也有利于区分广告信息与非广告信息，避免“有偿新闻”等违法广告的产生。

第二，应配备必要的人员、场所和设备。广播电台、电视台、报刊出版单位专门从事广告业务的机构应当配备必要的人员，具有与发布广告相适应的场所、设备。广播电台、电视台、报刊出版单位等大众传播媒体虽然是广告发布主体，但是它们也经常承担设计、制作等诸多的广告业务，同时要履行广告自律审查的义务，因此需要有与这些业务相适应的专业从业人员以及场所和设备。按照《广告管理条例实施细则》的规定，兼营广告业务的事业单位，应当具备下列条件：有直接发布广告的手段以及设计、制作广告的技术、设备；有熟悉广告管理法规的管理人员和编审人员；单独立账，有专职或兼职的财会人员；应具有广告专业技能，熟悉广告管理法规，并经考试审查合格。

第三，应当办理广告发布登记。广播电台、电视台、报刊出版单位从事广告发布业务的，应当向县级以上地方工商行政管理部门办理广告发布登记。广告业务属于市场经营行为，广播电台、电视台、报刊出版单位从事广告发布，需要办理发布登记手续。需要特别注意的是，原《广告法》对发布广告实行的是“经营许可制”。原《广告法》规定，广播电台、电视台、报刊出版单位的广告业务，应当由其专门从事广告业务的机构办理，并依法办理兼营广告的登记。国家工商行政管理总局2005年施行的《广告经营许可证管理办法》也规定，广播电台、电视台、报刊出版单位，从事广告业务的，应当向广告监督管理机关申请，领取《广告经营许可证》后，方可从事相应的广告经营活动。这次《广告法》修订时，根据《国务院关于严格控制新设行政许可的通知》的要求和监管实际，取消了对广告经营者的行政许可，仅对从事广告发布业务的广播电台、电视台、报刊出版单位、互联网站进行广告发布登记。本法第六条的规定，县级以上地方工商行政管理部门主管本行政区域的广告监督管理工作。因此，广播电台、电视台、报刊出版单位从事广告发布业务的，应当向县级以上地方工商行政管理部门办理广告发布登记。

65. 何谓广告活动？

广告活动是指广告主为了达到促销或树立其形象、扩大其影响等目的，通过有偿的方式，促使广告经营者和广告发布者为其向广告受众发布、传播信息的市场行为过程。

广告活动具有三个特征：第一，广告活动的主体是广告主、广告经营者和广告发布者。广告活动的主体从事广告活动时必须符合国家规定。对于广告主来讲，广告主委托设计、制作、发布广告，应当以广告内容涉及的事项取得行政许可且与许可的内容相符合为前提。对广告的经营者来讲，广告的经营者必须取得合法的经营资格，即必须到工商行政管理机关进行工商登记，取得广告经营者的资格。对于广告的发布者来讲，其从事广告的发布活动，也必须具有从事广告活动的资格。如果广告主、广告经营者、广告发布者不具备广告法规定的诸项条件，其所从事的广告活动就得不到法律的承认。第二，广告活动并不是一种单一的活动，而是一个集合概念。广告活动包括广告的设计、制作、发布和代理等多个方面。广告设计是指广告经营者根据广告主提出的广告目标要求，对准备发布的广告信息进行构思，编排组合广告创意构思的表现方式和方法，直至创作出可供制作的广告图样、图表、样品等整个活动的全过程。广告制作是将广告设计的内容，通过绘制、摄影、录音、录像及印刷等途径创制出广告作品的活动。广告发布是指通过广播、电影、电视、报纸、期刊、网络等各种广告媒介将已做好的广告作品刊播、播放、设置、张贴、宣传的行为。广告代理是广告经营者处于中间地位，为广告主和广告媒介双向提供服务的制度。第三，广告活动是一种法定的行为，取得法定资格的主体必须依法进行活动并承担相应的法律后果。广告活动主体必须合法，只有法定合格自然人、法人或其他组织从事的广告活动才能得到法律认可。广告活动内容也必须符合法律规定。

66. 如何正确理解广告合同？

合同是平等主体的公民、法人、其他组织之间设立、变更、终止债权债务关系的协议。广告合同是指广告主、广告经营者、广告发布者之间在广告活动中，为了实现一定的经济目的，明确相互之间的权利和义务而签订的协议。新《广告法》第三十条规定：“广告主、广告经营者、广告发布者之间在广告活动中应当依法订立书面合同。”正确理解广告合同应当注意以下几个方面：

第一，广告合同的主体包括广告主、广告经营者和广告发布者。广告主是指为推销商品或者提供服务，自行或者委托他人设计、制作、发布广告的自然人、法人或者其他组织。广告经营者是指接受委托提供广告设计、制作、代理服务的自然人、法人或者其他组织。广告发布者是指为广告主或者广告主委托的广告经营者发布广告的自然人、法人或者其他组织。

第二，广告合同是在广告活动中产生的一种合同。广告主、广告经营者、广告发布者只有在从事广告活动时订立的合同才能称其为广告合同。如果其不是从事广告活动而从事的是其他活动，则不能称其为广告合同。广告合同有很多种类，在不同的合同中，当事人的权利和义务不同，因此合同的内容也有所差异。根据广告合同的内容，可以将广告合同区分为广告设计合同、广告制作合同、广告发布合同、广告委托合同和广告代理合同。依据广告的合同主体，可以将广告合同分为广告主与广告经营者之间订立的广告合同、广告主和广告发布者之间订立的广告合同、广告经营者和广告发布者之间订立的广告合同。

第三，订立广告合同必须依法进行。订立广告合同必须依照法律、行政法规和地方性法规的规定进行。订立广告合同的主体必须是《广告法》认可的广告主、广告经营者、广告发布者。订立广告合同必须符合本法规定的广告准则和法定的程序等。广告合同当事人应本着诚实信用的原则，平等互利、协商一致订广告立合同，不得利用合同形式损害消费者的合法权益。广告合同的订立包括要约和承诺两个阶段。依据我国《合同法》规定，要约是希望和他人订立合同的意思表示，承诺是受要约人同意要约的意思表示。

第四，合同的内容由当事人约定，具体表现为合同的条款。合同的条款是合同中经双方当事人协商一致、规定双方当事人权利义务的具体条文。广告合同的条款是否齐备、准确，决定了广告合同能否成立、生效以及能否顺利地履行、实现。广告合同的主要条款包括：广告活动当事人名称或者姓名和住所；广告活动的内容和要求；价款或者报酬；履行期限、地点和方式；违约责任；解决争议的方式等。广告设计、制作合同是指广告经营者和广告主之间签订的广告加工承揽协议，内容是广告经营者利用自己的技术、设备，按照约定的要求进行设计、制作广告作品，广告主接受广告经营者设计、制作的广告作品，并按约定支付报酬。广告发布合同是指广告发布者与广告主或广告主委托的广告经营者为确立广告发布活动中的权利义务而达成的协议。广告经营者与广告主之间的广告代理合同是指广告主委托广告经营者代其为广告发布的一种书面合同。接受了广告主的授权后，广告经营者再与广告发布者签订广告代理发布合同。广告经营者签订的广告代理发布合同是以广告主的名义进行的，该合同中的权利义务由广告主承担。

第五，我国《合同法》规定，当事人订立合同，可以采用书面形式、口头形式和其他形式。法律、行政法规规定采用书面形式的，应当采用书面形式。当事人约定采用书面形式的，应当采用书面形式。口头形式是指当事人面对面地谈话或者以通讯设备如电话交谈达成协议。以口头订立合同的特点是直接、简便、快速，数额较小或者现款交易通常采用口头形式。书面形式是指以文字等可以有形形式再现内容的方式达成的协议。这种形式明确肯定，有据可查，对于防止争议和解决纠纷，有积极意义。书面形式一般是指当事人双方以合同书、书信、电报、电传、传真等形式达成协议。原《广告法》要求广告合同必须是书面形式。这次修订后，新《广告法》对广告合同的形式仍保留了书面的要求，即订立广告合同时，必须将各方约定的内容以书面的形式表现出来。这主要是考虑到广告合同内容较为复杂，如果以口头的形式订立，一旦产生纠纷，就很难处理，不利于保护合同当事人的合法权益。

67. 哪些广告活动构成违反《反不正当竞争法》的行为?

根据我国《反不正当竞争法》的规定，不正当竞争是指经营者违反《反不正当竞争法》的规定，损害其他经营者的合法权益，扰乱社会经济秩序的行为。

按照《反不正当竞争法》的规定，下列广告活动构成不正当竞争行为:

第一，假冒他人名牌的广告行为。即假冒他人的注册商标；擅自使用知名商品特有的名称、包装、装潢，或者使用与知名商品近似的名称、包装、装潢，造成和他人的知名商品相混淆，使购买者误认为是该知名商品；擅自使用他人的企业名称或者姓名，引人误认为是他人的商品；在商品上伪造或者冒用认证标志、名优标志等质量标志，伪造产地，对商品质量作引人误解的虚假表示。

第二，利用行政权力从事广告活动。即利用公用企业或者其他依法具有独占地位的经营者，在广告中限定他人购买其指定的经营者的商品，以排挤其他经营者的公平竞争。政府及其所属部门滥用行政权力，在广告中限定他人购买其指定的经营者的商品，限制其他经营者正当的经营活动。政府及其所属部门滥用行政权力，在广告中限制外地商品进入本地市场，或者本地商品流向外地市场。

第三，利用回扣从事广告活动，即广告主、广告经营者、广告发布者之间采用财物或者其他手段在广告中从事贿赂以销售或者购买商品的行为。

第四，利用广告从事虚假行为，即广告主利用广告或者其他方法，对商品的质量、制作成分、性能、用途、生产者、有效期限、产地等作引人误解的虚假宣传。广告的经营者在明知或者应知的情况下，代理、设计、制作、发布虚假广告。

第五，利用广告从事侵犯他人商业秘密的行为，即通过广告披露其所掌握的他人商业秘密。

第六，利用广告的形式采取不正当降价的行为，即以排挤竞争对手为目的，从事以低于成本的价格销售商品的广告。

第七，从事违法有奖销售的广告行为，即从事下列有奖销售广告：采用谎称有奖或者故意让内定人员中奖的欺骗方式进行有奖销售的广告；利用有奖销售的手段推销质次价高的商品的广告；抽奖式的有奖销售，最高奖的金额超过5000元的广告。

第八，从事捏造、散布虚伪事实，损害竞争对手的商业信誉、商品声誉的广告。

68. 新《广告法》是如何规范不正当竞争行为的?

不正当竞争行为是市场经济中常见的违法行为，在市场经济活动中的各个领域都有所表现，广告这种经济活动中也不例外。广告中的不正当竞争行为是指在广告市场竞争中，广告活动主体采用虚假、欺骗、损人利己等不正当手段牟取经济利益，损害其他广告活动主体和消费者的利益，扰乱广告市场正常经营秩序的行为。

广告中的不正当竞争行为危害很大。广告活动主体违反诚实信用原则和商业道德，采用不正当手段抢市场、争客户，首先损害了遵纪守法的其他广告活动主体的合法权益。不正当竞争行为还破坏了公平机制，误导消费者，制造市场混乱，严重扰乱市场正常的经营秩序。此外，不正当竞争往往与虚假广告密切相连，诱导广告、隐性广告等不正当竞争行为直接剥夺了消费者的知情权，给消费者造成人身损害或财产损失。

广告主在广告活动中的不正当竞争行为主要表现在：利用广告贬低其他市场主体的商品或服务；采用虚假夸大手段争夺客户，诱骗和误导消费者；利用广告服务招标等形式，不正当地获取他人商业秘密，侵犯他人广告著作权；利用不正当的手段获取紧俏的时间、版面或地点，以期在竞争中占居有利位置等。

广告经营者在广告活动中的不正当竞争行为主要表现为：利用高额回扣或其他承诺承揽广告业务；利用垄断地位排挤其他广告经营者；以优厚的待遇从其他广告经营者处挖人才，取得广告经营信息和广告客户资源，提高自身的竞争力；联合某些广告发布者或广告经营者结成市场联盟，排挤其他广告经营者。

广告发布者在广告活动中的不正当竞争行为主要表现为：非广告经营部门、非广告经营人员承揽广告；利用新闻形式做广告或发布其他形式的“软广告”；媒体提供虚假的收视率、点击率或发行量，扩大其广告影响力；利用广告媒体的自身优势垄断地位，不合理地降低收费标准，开展恶意竞争。这些行为在加剧广告媒体管理混乱的同时，对其他守法经营者的媒体造成不正当竞争。

为此，新《广告法》第三十一条规定：“广告主、广告经营者、广告发布者不得在广告活动中进行任何形式的不正当竞争。”这一规定禁止任何形式的不正当竞争行为，禁止的主体是广告主、广告经营者、广告发布者，即广告主和广告经营者之间、广告主和广告发布者之间、广告经营者和广告发布者之间均不得从事不正当竞争行为。

69. 广告主应当如何委托设计、制作和发布广告？

新《广告法》第三十二条规定："广告主委托设计、制作、发布广告，应当委托具有合法经营资格的广告经营者、广告发布者。"广告主委托设计、制作、发布广告有两个渠道：一是广告主自己找媒介，由媒介进行发布；二是委托广告经营者，由其进行设计、制作、代理委托活动。但是广告主委托他人设计、制作、发布广告时，必须履行《广告法》规定的义务，即应当委托具有合法经营资格的广告经营者、广告发布者。合法经营资格是指广告经营者和广告发布者是依法设立的有资格从事广告经营和发布的民事主体，符合设立广告经营者或者广告发布者的条件，并经过工商行政管理机关进行登记，领取了合法经营的凭证。另外，广播电台、电视台、报刊出版单位从事广告发布业务的，应当设有专门从事广告业务的机构，配备必要的人员，具有与发布广告相适应的场所、设备，并向县级以上地方工商行政管理部门办理广告发布登记。

70. 在广告中使用他人名义和形象时应注意哪些问题？

在广告活动中，广告主、广告经营者在广告中有可能使用他人的名义或者他人的形象。按照《民法通则》和《著作权法》等法律的规定，公民对自己的姓名或者名称、肖像享有姓名权或者名称权、肖像权。如果以他人的名义、形象从事广告活动，就涉及他人的姓名权或者名称权、肖像权，故需要得到他人的同意。为此，新《广告法》第三十三条规定，"广告主或者广告经营者在广告中使用他人名义或者形象的，应当事先取得其书面同意；使用无民事行为能力人、限制民事行为能力人的名义或者形象的，应当事先取得其监护人的书面同意。"

以完全民事行为能力人的名义、形象从事广告活动，必须征得本人的书面同意，这是广告主、广告经营者必须履行的法定义务，否则就属于侵权行为，应当承担相应的法律责任。这里的"同意"必须是"书面同意"，即如果他人同意广告主、广告经营者使用其名义、形象，必须让其出具证明同意的书面凭证。这样规定是为了防止产生不必要的纠纷，保证广告主或者广告经营者的正常的经营活动。

根据《民法通则》的规定，公民从出生时起到死亡时止，具有民事权利能力，依法享有民事权利，承担民事义务。18周岁以上的公民是成年人，具有完全民事行为能力，可以独立进行民事活动，是完全民事行为能力人。16周岁以上不满18周岁的公民，以自己的劳动收入为主要生活来源的，视为完全民事行为能力人。10周岁以上的未成年人是限制民事行为能力人，可以进行与他的年龄、智力相适应的民事活动；其他民事活动由他的法定代理人代理，或者征得他的法定代理人的同意。不满10周岁的未成年人是无民事行为能力人，由他的法定代理人代理民事活动。不能辨认自己行为的精神病人是无民事行为能力人，由他的法定代理人代理民事活动。不能完全辨认自己行为的精神病人是限制民事行为能力人，可以进行与他的精神健康状况相适应的民事活动。无民事行为能力人、限制民事行为能力人的监护人是他的法定代理人。在广告中，使用完全民事行为能力人的名义和形象时，事先征得其本人的书面同意就等于履行了广告法要求的义务。但是使用无行为能力人或者限制行为能力的人的名义和形象时，必须事先征得其监护人的书面同意才行。

71. 广告经营中应当建立和健全哪些制度？

广告经营者和广告发布者从事广告活动，需要建立、健全一套日常的管理制度，这些制度包括广告业务的承接登记、审核、档案管理制度。建立、健全广告业务的承接登记、审核、档案管理制度具有重要的现实意义，既有利于促进对广告活动的规范管理，提高业务水平，减少违法广告；也有助于行政机关的执法和消费者的维权。这里的“建立、健全”包括两个方面：一是必须要有这些制度，二是这些制度的内容要全面完整，且行之有效。

广告经营者和广告发布者开展广告业务时，首先要做好承接业务的登记工作。其次是对承接的广告业务进行审核，主要是审核其是否符合本法及有关法律、行政法规的要求。最后应将承接、审核的广告业务归纳整理，进行存档。

广告的档案管理不仅是广告经营者和广告发布者日常管理制度的重要组成部分，也是工商行政管理机关对广告经营活动进行检查的主要内容。广告经营中需要保管的档案内容是非常广泛的，涉及广告业务的各个环节和流程。包括但不限于广告主出具的各种证明文件、广告活动当事人之间签订的广告合同、广告内容的修改记录、广告主对广告发布样稿的确认记录、广告审核意见、广告客户和消费者对广告发布后的反映等等。根据我国民事诉讼法的规定，民事诉讼时效通常为两年。因此广告档案保存的年限应该至少两年。

72. 广告经营者和广告发布者如何保障广告内容的真实性？

新《广告法》规定，广告的内容必须真实、合法，以健康的表现形式表达广告内容，符合社会主义精神文明建设和弘扬中华民族优秀传统文化的要求。为保证广告内容的真实、合法，新《广告法》第三十四条规定："广告经营者、广告发布者依据法律、行政法规查验有关证明文件，核对广告内容。对内容不符或者证明文件不全的广告，广告经营者不得提供设计、制作、代理服务，广告发布者不得发布。"这是对广告经营者和广告发布者广告自律审查义务的规定。

广告自律审查的具体内容包括：第一，查验各类广告证明文件的真实性、合法性、有效性，对证明文件不全的，要提出补充收取证明文件的意见。第二，根据本法以及相关法律法规的要求，核对广告内容的真实性、合法性、科学性，审查广告内容是否符合实际，是否有违法内容，表达是否容易产生误导。第三，对广告的形式进行检查，检查是否存在国家禁止发布的形式。第四，检查广告内容和形式是否健康，是否符合社会主义精神文明建设和弘扬中华民族优秀传统文化的要求。第五，对广告的整体效果进行检查，确保不具备专业背景的普通消费者能够正确理解广告内容，不至于引起消费者的误解。

《广告法》在修订中，关于广告经营者、广告发布者应当对广告内容承担"核实"义务还是"核对"义务，有过一些争论。原《广告法》确定的是"核实"义务，即第二十七条规定，"广告经营者、广告发布者依据法律、行政法规查验有关证明文件，核实广告内容。""核实"义务实际上要求广告经营者、广告发布者对广告主提供的文件和材料进行实质审查。这在以广播、电视、报刊、杂志为主要广告载体的传统广告中是比较可行的，但是随着互联网等新兴广告媒体的发展，以互联网为载体的互联网广告出现了一些新的特征。与20世纪90年代的广告业态相比，现代广告行业发展在用户日到达率、沟通模式、覆盖范围、信息容量、交互性等方面都具有显著不同。现代传播技术下的广告形式能够展示的内容无限，广告发布者能够提供的广告位也无限。尤其是网络广告还可以最快速度把产品介绍精准地推送到全球各地的客户，比传统广告具有更宽的覆盖面，更庞大的受众群体。在这种情况下，广告经营者、广告发布者对广告内容承担实质审核义务就非常困难了。新《广告法》将"核实"义务修改成了"核对"义务。一方面是考虑到广告业自身发展给广告经营者、广告发布者履行实质审查义务带来的困难；另一方面，是因为《广告法》在第四条中已明确规定“广告主应当对广告内容的真实性负责”，这样就将广告主明确为广告内容真实性的第一责任人。广告主是广告活动的主动发起者，而广告经营者、广告发布者只是接受广告主的委托，设计、制作、发布广告。广告主、广告经营者、广告发布者三者具有不同的职能和分工，广告经营者和广告发布者是为广告主服务的辅助角色，只有广告主对自己的产品和服务最为了解，理应对其广告真实性负责，后两者依法核对相关证明文件。因此，新《广告法》赋予广告主确保广告内容真实性的义务，并要求广告主对其提供的证明文件真实性负责。一旦出现违法广告行为，首先应该审查广告主是否违反了真实性义务，而广告经营者、广告发布者仅对证明文件承担审查责任。这样的责任分配更加科学合理。

73. 新《广告法》对广告收费是如何规定的？

新《广告法》在第三十五条对广告收费问题作了专门的规定，即“广告经营者、广告发布者应当公布其收费标准和收费办法。”商业广告是以营利为目的的传播行为，广告经营者和广告发布者接受广告主的委托，一般情况下都是要收取费用的，他们之间是一种有偿的民事法律行为。对广告收费问题，按照《广告法》第三十五条的规定，主要包含两个方面的内容：一是收费标准由广告活动当事人自己确定。广告收费标准包括广告设计、制作费和广告发布费的收取标准两部分。它是由广告主向广告经营者和广告发布者提供的，即广告经营单位收取的广告业务代理费和大众传播媒介收取的发布费。广告收费问题主要是当事人之间的一种民事法律行为，如何收费，这是广告活动中，当事人自己的事情，应当由当事人自己来决定，另一方面，在什么情况下应收取多少，如何定价，则应当通过市场竞争，根据自己的情况自行确定。二是收费标准和收费办法应当公布。这里的“公布”指的是应当向社会公众公开。广告经营者和广告发布者可以在自己的业务地点以书面形式向社会公布，也可以通过新闻媒介向社会公布。

74. 如何理解广告发布者应当保证其提供资料的真实性？

新《广告法》第三十六条规定：“广告发布者向广告主、广告经营者提供的覆盖率、收视率、点击率、发行量等资料应当真实。”

广告发布者需要接受广告主、广告经营者的委托才会有广告业务的发生，否则就不会有自己的业务。广告发布者接受委托发布广告时，广告主、广告经营者通常会要求广告主公开自己发布广告的有效范围。主要包括：一是提供媒介的覆盖率。所谓媒介的覆盖率，是指广告发布者所拥有的媒介在某一范围内所能覆盖的比率，以便于委托人自己决定是否委托。二是收视率。所谓收视率，是指电视媒介某个栏目或者节目或者广告播出后，收视人口与当时电视人口的比例。三是点击率。点击率是随着互联网广告的兴起而出现的一个概念，是指网站页面上某一内容被点击的次数与被显示次数之比，反映了网页上某一内容的受关注程度，经常用来衡量广告的吸引程度。如果该网页被打开了1000次，而该网页上某一广告被点击了10次，那么该广告的点击率为1%，比率愈高，表示广告的效果愈好。四是发行量。所谓发行量，是指广告发布者的媒介的发行数量。比如广告主委托某一杂志发行广告时，广告主有权要求广告的发布者提供其杂志在全国发行的数量。广告发布者也有义务告诉广告主自己在全国发行的数量。

报纸虚报发行量的案例在我国屡见不鲜，一些报纸为了达到承揽广告的目的，向广告主提供虚假的资料，隐瞒和夸大报纸真实发行量。这些报纸报刊发行量越大，其影响和效果自然就高于发行量少的报纸，当然广告收费也就高于其他发行量低的报纸。此行为害处颇大：一是严重损害广告主或者广告经营者的利益。报纸虚报发行量，使广告主投放的广告不能达到预期值，实际上对客户的利益形成了侵害；二是严重损害了同业和竞争对手的利益。报纸夸大发行量，对消费者和广告主的行为会形成误导，扰乱报刊业正常的经营秩序，也违反了公平竞争的原则。同理，虚报覆盖率、收视率、点击率等同样会扰乱广告活动市场。所以《广告法》要求，广告发布者在向广告主、广告经营者提供自己的情况时，必须真实，否则，广告主和广告经营者有权要求其赔偿经济损失。所谓真实，就是指广告发布者向广告主、广告经营者提供的覆盖率、收视率、点击率、发行量等资料应当真实地反映客观存在，不能有太大的偏差，更不能夸大其词，夸大其词不仅会给广告主、广告经营者造成损失，对广告发布者的商誉也会造成不良影响，从而造成经济损失。

75. 哪些情形不得设计、制作、发布广告？

根据新《广告法》第三十七条的规定：“法律、行政法规规定禁止生产、销售的产品或者提供的服务，以及禁止发布广告的商品或者服务，任何单位或者个人不得设计、制作、代理、发布广告。”

首先，法律、行政法规禁止生产、销售或者提供服务的产品，不得设计、制作、代理、发布广告。比如《中华人民共和国食品安全法》第三十四条规定的食品、食品添加剂、食品相关产品；《中华人民共和国药品管理法》第三十八条、第四十二条、第四十八条规定的药品等等。其次，法律、行政法规规定禁止发布广告的商品或者服务，不得设计、制作、发布广告。比如，根据《广告法》第十五条的规定，麻醉药品、精神药品、医疗用毒性药品、放射性药品等特殊药品，药品类易制毒化学品，以及戒毒治疗的药品、医疗器械和治疗方法，不得做广告。

76. 广告代言人应当如何代言广告?

企业聘请明星代言产品广告的行为屡见不鲜，并且这一行为呈增长的趋势。大多数企业认为，聘用明星代言，可以借用明星的人气扩大产品的销售，而明星们也被高额的代言费用吸引而乐此不疲，充当企业将商品推向消费者的纽带。但是在《广告法》修订之前，追究个人的广告代言的法律责任缺乏法律依据。比如，江西南昌吕女士看了刘嘉玲代言的SK－Ⅱ“连续使用28天细纹及皱纹明显减少47%，肌肤年轻12年”的广告后怦然心动，不料自己买来用了不到一个月却出现皮肤瘙痒和灼痛症状。伤心愤怒之下把SK－Ⅱ的经销商、代理商、生产商及代言人刘嘉玲告上法庭，但法院认为将代言人列为被告法律依据不足，该案经两审以原告败诉而告终。类似的案件还有不少。法律制度的缺位导致名星代言虚假广告的案件时有发生。新《广告法》弥补了法律的缺失。新《广告法》将广告代言人界定为“广告主之外，在广告中以自己的名义或者形象对商品、服务作推荐证明的自然人、法人或者其他组织。”并在第三十八条第一款规定：广告代言人在广告中对商品、服务作推荐、证明，应当依据事实，符合本法和有关法律、行政法规规定，并不得为其未使用过的商品或者未接受过的服务作推荐、证明。

根据新《广告法》的规定，首先广告代言人应当依据事实和法律、行政法规的规定进行代言。这里包含两个方面的要求：一是广告代言人在广告中对商品、服务作推荐、证明，应当依据事实，即广告代言人不得为内容不符合事实的虚假广告进行代言；二是有些广告，虽然其内容并不存在虚假，但由于广告表达方式违反《广告法》和有关法律、行政法规的规定，广告代言人也不得进行推荐、证明。其次，广告代言人不得为其未使用过的商品或者未接受过的服务作推荐、证明。很多国家的法律明确规定，代言人只有在使用过商品或接受过服务的情况下，才能代言。比如美国法律把广告分为证人证言广告和形象代言广告。明星代言广告属于证人证言广告范畴。凡是证人证言性质的广告，内容必须有真人真事为证，即向消费者推荐产品或服务的证人，无论是明星、名人还是专家或普通人，都必须是产品的真实使用者，否则按虚假广告处理，将面临高额罚款。我国的台湾地区的法律对广告代言人也有类似的要求。新《广告法》也明确规定："广告代言人不得为其未使用过的商品或者未接受过的服务作推荐、证明。"这样要求的主要目的正在于防止和打击代言虚假广告。对这里的"使用"不宜做过窄的解释。"使用"并不限于广告代言人"亲自"使用。这主要有两个原因：一是有些产品或服务如果是广告代言人自己亲自使用过了反而不适合代言。比如成年人代言儿童奶粉广告，即使代言人自己食用过了，也没有实际意义。二是代言人并不都是自然人。除了自然人个人以外，法人和其他组织也可以做广告代言人，对于法人和其他组织而言，"使用"的含义就更广泛了。

广告代言人违反新《广告法》第三十八条第一款规定，代言虚假广告的民事责任，在新《广告法》第五十六条中作了规定：关系消费者生命健康的商品或者服务的虚假广告，造成消费者损害的，其广告经营者、广告发布者、广告代言人应当与广告主承担连带责任。前款规定以外的商品或者服务的虚假广告，造成消费者损害的，其广告经营者、广告发布者、广告代言人，明知或者应知广告虚假仍设计、制作、代理、发布或者作推荐、证明的，应当与广告主承担连带责任。第六十二条规定了广告代言人违法代言广告应承担的行政法律责任，即违反此规定的，由工商行政管理部门没收违法所得，并处违法所得一倍以上二倍以下的罚款。

77. 广告代言人不得代言哪些广告?

首先，广告代言人不得代言虚假广告。根据新《广告法》第二十八条的规定，广告以虚假或者引人误解的内容欺骗、误导消费者，构成虚假广告。构成虚假广告的情形主要有：第一，商品或者服务不存在的；第二，商品的性能、功能、产地、用途、质量、规格、成分、价格、生产者、有效期限、销售状况、曾获荣誉等信息，或者服务的内容、提供者、形式、质量、价格、销售状况、曾获荣誉等信息，以及与商品或者服务有关的允诺等信息与实际情况不符，对购买行为有实质性影响的；第三，使用虚构、伪造或者无法验证的科研成果、统计资料、调查结果、文摘、引用语等信息作证明材料的；第四，虚构使用商品或者结构服务的效果的。对于这些虚假广告，代言人不得进行推荐、证明。

其次，广告代言人不得为法律、行政法规禁止生产、销售的产品或服务代言。新《广告法》第三十七条规定，法律、行政法规禁止生产、销售的产品或者提供的服务，以及禁止发布广告的商品或者服务，任何单位或者个人不得设计、制作、发布广告。这意味着，广告代言人也不得为这些广告代言。比如，《食品安全法》第三十四条规定的食品，《药品管理法》第三十八条、第四十二条、第四十八条规定的药品，就属于不得进行广告代言的商品。根据本法第十五条的规定，麻醉药品、精神药品、医疗用毒性药品、放射性药品等特殊药品，药品类易制毒化学品，以及戒毒治疗的药品、医疗器械和治疗方法，不得做广告。另外，新《广告法》第二十二条规定，禁止在大众传播媒介或者公共场所、公共交通工具、户外发布烟草广告。禁止向未成年人发送任何形式的烟草广告。禁止利用其他商品或者服务的广告、公益广告，宣传烟草制品名称、商标、包装、装潢以及类似内容。烟草制品生产者或者销售者发布的迁址、更名、招聘等启事中，不得含有烟草制品名称、商标、包装、装潢以及类似内容。这些广告都属于不得代言的范畴。

第三，根据新《广告法》第九条的规定，广告不得有下列情形：使用或者变相使用中华人民共和国的国旗、国徽、国歌、军旗、军徽、军歌；使用或者变相使用国家机关或者国家机关工作人员的名义或者形象；使用“国家级”、“最高级”、“最佳”等用语；损害国家的尊严或者利益，泄露国家秘密；妨碍社会安定，损害社会公共利益；危害人身、财产安全，泄露个人隐私；妨碍社会公共秩序或者违背社会良好风尚；含有淫秽、色情、赌博、迷信、恐怖、暴力的内容；含有民族、种族、宗教、性别歧视的内容；妨碍环境、自然资源或者文化遗产保护；法律、行政法规规定禁止的其他情形。含有这些情形的广告，因为违反广告内容准则，广告代言人不得代言。

第四，根据新《广告法》第十六条的规定，广告代言人不得为药品广告、医疗器械广告、医疗广告代言。根据第十八条的规定，广告代言人不得为保健食品广告代言。

最后，根据新《广告法》第二十一条的规定，农药、兽药、饲料和饲料添加剂的广告，不得利用科研单位、学术机构、技术推广机构、行业协会或者专业人士、用户的名义或者形象作推荐、证明。根据第二十四条的规定，教育、培训广告不得利用科研单位、学术机构、教育机构、行业协会、专业人士、受益者的名义或者形象作推荐、证明。根据第二十五条的规定，招商等有投资回报预期的商品或者服务广告，不得利用学术机构、行业协会、专业人士、受益者的名义或者形象作推荐、证明。根据第二十七条的规定，农作物种子、林木种子、草种子、种畜禽、水产苗种和种植广告，不得利用科研单位、学术机构、技术推广机构、行业协会或者专业人士、用户的名义或者形象作推荐、证明。在这些商品或服务广告中，如果代言人属于相关的专业人士、用户或受益人，则不得进行代言。

78. 新《广告法》对幼儿园及中小学生规定了哪些保护措施？

广告对于未成年人来说有着和成年人不同的意义。未成年人群体由于自身的心智发育尚不健全，对事物缺乏必要的认知和理性判断、辨别的能力，分不清广告世界和现实世界，而在成长过程中，其思维方式和行为方式最显著的一个特征就是模仿，因而很容易受到周围成人世界的影响，而广告内容就不可避免地成为了他们模仿的对象，有可能对未成年人的身心健康产生不可估量的负面影响。广告容易导致未成年人形成物质至上的观念，可能诱使未成年人产生不健康心理，还可能影响未成年人的道德认知。有些未成年人广告中出现的危险动作和不文明行为，会对未成年人的行为产生误导。中小学校、幼儿园里的学生通常情况下都是少年儿童，对于这个年龄段的孩子来讲，中小学校和幼儿园是他们的主要学习和生活场所。中小学校、幼儿园的环境直接影响着他们身心的健康成长。因此，净化中小学校园和幼儿园的空间环境非常重要。

新第十条规定，广告不得损害未成年人的身心健康。并在第三十九条进一步规定：不得在中小学校、幼儿园内开展广告活动，不得利用中小学生和幼儿的教材、教辅材料、练习册、文具、教具、校服、校车等发布或者变相发布广告，但公益广告除外。教材、教辅材料、练习册、文具、教具、校服、校车是中小学生和幼儿园儿童最常接触的日常事物和工具。这些载体上的内容与他们形影不离，对他们的日常行为影响最大。近年来，一些不良商家利用教材、教辅材料、练习册、文具、教具、校服、校车这些对中小学生和幼儿影响较大的载体，发布或变相发布商业广告，给中小学生和幼儿造成了不良的影响。比如，一位广东肇庆的网友在论坛上发帖称，自己读初一的女儿开学领到某教育研究所出版的英语课本里出现了大量广告内容，此事引起社会热议。央视《是真的吗》记者调查发现，教科书中夹带广告的情况确实存在。有评论认为，教材夹带广告有三害：一是害了教材出版社自己，因为这无疑就是自毁名誉和信誉、自砸牌子之举。二是害了使用教材的学校，这种做法使学校的教育功能遭受质疑。三是害了使用教材的学生，让学生从小就受到商业广告的影响，容易滋长金钱物质至上观念，不利于培养学生高尚品德和社会责任感、国家使命感，不利于学生健康成长成才。鉴于广告对于青少年的危害性，早在2011年，教育部办公厅发布的《义务教育教科书编印规范》就明确规定，教科书内不得有广告内容。因此，新《广告法》明确禁止利用中小学生和幼儿的教材、教辅材料、练习册、文具、教具、校服、校车等发布或者变相发布广告。

79. 为什么要禁止利用十周岁以下未成年人作为广告代言人？

禁止10周岁以下未成年人作为广告代言人，主要有三个方面的考虑：首先，按照我国《民法通则》的规定，不满10周岁的未成年人属于无民事行为能力人。由于认知能力和水平的限制，在民事活动中，他们并不能真正表达自己的自由意志，实际上等同于他人的“工具”。而本法规定的广告代言人应当是“广告主以外的，在广告中以自己的名义或者形象对商品、服务作推荐、证明的自然人、法人或者其他组织”。也就是说，广告代言活动只能有具备民事行为能力的人来做，不满10周岁的未成年人显然不符合这个条件；其次是考虑到对10周岁以下未成年人自身健康成长的保护；第三是考虑到对作为广告受众的未成年人的身心健康的保护，避免他们过早受到同龄人商业推销的不当影响。

但是禁止利用不满10周岁的未成年人作为广告代言人，并不是不满10周岁的未成年人不能在广告中出现。因为不是所有出现在商业广告中的人物形象都属于广告代言人。在广告代言人的认定上，需要区分广告演员与广告代言人。只有在广告中以自己的名义或形象表达“推荐、证明”意图的人才是代言人。那些仅仅出现在广告背景中，而不表达推荐意图的人，只是背景演员而已，不属于广告代言人。

80. 针对未成年人的大众传播媒介应当注意哪些问题？

大众传播媒介主要是指报纸、杂志、广播、电视、互联网等传播媒介。大众传媒具有传播信息速度快、范围广、影响大等特点。针对未成年人的大众传播媒介是指以未成年人为主要阅读对象的报纸、杂志等印刷类大众传播媒介或其版面，或者以未成年人为主要收听收视对象的广播、电视频道或其节目，以及针对未成年人为对象的互联网栏目等。大众传媒具有传播信息速度快、范围广、影响大等特点，具有保护未成年人身心健康的社会责任。

新《广告法》第四十条第一款规定：在针对未成年人的大众传播媒介上不得发布医疗、药品、保健食品、医疗器械、化妆品、酒类、美容广告，以及不利于未成年人身心健康的网络游戏广告。原因主要在于，药品、保健食品、医疗器械、化妆品、酒类、医疗、美容等广告，主要是针对成年人的广告，由于年龄、智力和社会阅历等的限制，未成年人对这些广告内容不宜理解或者容易误解。有些广告内容或表达形式不适宜未成年人阅读和观赏，甚至会对未成年人的健康成长带来不利影响。益智类游戏可以开发儿童的智力，充分挖掘他们的观察力和想象力以及推理能力，锻炼思维和反应能力，但是过早让儿童接触网络不利于其身心健康。沉迷网络游戏不仅会影响未成年人的学业，还会导致未成年人将网络虚拟世界误认为现实世界，影响其正常社会交往能力的培养。带有色情、暴利等不健康网络游戏对未成年人的负面影响更大。因此，本法禁止在针对未成年人的大众传播媒介上发布药品、保健食品、医疗器械、化妆品、酒类、医疗、美容广告，以及不利于未成年人身心健康的网络游戏广告。

新《广告法》第四十条第二款规定：针对不满十四周岁的未成年人的商品或者服务的广告不得含有下列内容：（一）劝诱其要求家长购买广告商品或者服务；（二）可能引发其模仿不安全行为。现实生活中，广告对于未成年人来说有着和成年人不同的意义。未成年人群体由于自身的心智发育尚不健全，对事物缺乏必要的认知和理性判断、辨别的能力，分不清广告世界和现实世界。当今社会是一个物质极其丰富的社会，琳琅满目的广告在将商品和服务信息介绍给消费者的同时，往往大肆鼓吹商品和服务的优点，使用者时尚，美化消费的好处，使人产生购买的欲望和冲动。未成年人由于辨别力、判断力明显弱于成年人，广告中频繁出现的对消费的溢美之词，极有可能会导致未成年人对物质消费产生过度的追逐，使他们形成物质消费至上的错误观念，认为物质消费才能获得快乐和满足。还有些广告利用家长望子成龙、爱子心切的心理，明示或暗示儿童的健康、聪明、听话、食欲好、学习成绩的提高归功于广告商品，给家长造成购买压力。未成年人在成长过程中，其思维方式和行为方式最显著的一个特征就是模仿，因而很容易受到周围成人世界的影响，而广告内容就不可避免地成为了他们模仿的对象。社会心理学家认为，所有的人，特别是儿童都有一种模仿其他人的强烈倾向，电视上的人物形象尤其是明星就自然而然地成为儿童的重要模仿对象，这种影响具有极端的效力，它通过对青少年精神意识的影响，导致青少年群体各种观念的泛滥。有些广告中出现的危险动作和不文明行为，很容易对未成年人的行为产生误导。未成年人对广告中出现的危险动作和不文明行为的模仿，有可能造成其安全、健康问题的隐患，不利于他们的身心健康成长。在很多未成年人用品的广告中，未成年人模特对宣传商品的演示往往超出未成年人的一般行为能力。如童鞋广告中经常出现滑板、倒立等危险动作；奶粉广告中的幼儿在人来人往的大街上去捡地上的棒棒糖；食品广告中出现儿童往嘴里抛送食物的动作。这些动作具有不良的引导作用，非常容易被未成年人模仿，从而造成安全隐患。

新《广告法》规定，对违反第四十条第二款规定者，将由工商行政管理部门责令停止发布广告，责令广告主在相应范围内消除影响，处广告费用一倍以上三倍以下的罚款，广告费用无法计算或者明显偏低的，处10万元以上20万元以下的罚款；情节严重的，处广告费用三倍以上五倍以下的罚款，广告费用无法计算或者明显偏低的，处20万元以上100万元以下的罚款，可以吊销营业执照，并由广告审查机关撤销广告审查批准文件，一年内不受理其广告审查申请。

81. 应如何加强对户外广告的规划与监管？

户外广告是指利用户外场所、空间、设施等发布的广告。主要包括：利用户外场所、空间、设施发布的，以展示牌、电子显示装置、灯箱、霓虹灯为载体的广告；利用交通工具、水上漂浮物、升空器具、充气物、模型表面绘制、张贴、悬挂的广告；在地下铁道设施，城市轨道交通设施，地下通道，以及车站、码头、机场候机楼内外设置的广告；法律、法规和国家工商行政管理总局规定应当登记的其他形式的户外广告。

新《广告法》第四十一条规定，县级以上地方人民政府应当组织有关部门加强对利用户外场所、空间、设施等发布户外广告的监督管理，制定户外广告设置规划和安全要求。户外广告的管理办法，由地方性法规、地方政府规章规定。

户外广告具有分布广、形式灵活多样、与科技发展同步等特点。而且户外广告已经和城市的发展紧密联系在一起，具有美化城市环境的功能，在一定意义上能够反映出一个城市现代化的程度。由于户外广告的多功能性和影响面的广泛性，单纯依靠工商管理部门一个部门的监督管理是不行的。户外广告的规范治理涉及到市政、城建规划、城市绿化、市容管理、安全监督、交通、公安、房地资源、质量技监、财政、物价、文广等多个部门的职责，需要多部门协调配合，齐抓共管。而将这门多职能部门协调起来不是哪一个具体的职能部门能够胜任的。因此，《广告法》没有规定由工商行政管理部门单独对户外广告进行监督管理，而是规定由县级以上地方人民政府应当组织有关部门加强对利用户外场所、空间、设施等发布户外广告的监督管理。

设置规划是指对户外广告在一定的区域内统一安排。户外广告从选址、设计、设置施工，到日常维护管理，都涉及一个安全问题。现实中，因户外广告安全隐患导致的人身伤害和财产损害事件时有发生。因此，各地都应因地制宜地对户外广告的安全标准给予明确。县级以上地方人民政府是指县级人民政府、地市级人民政府和省级人民政府。县级以上地方人民政府应当根据自己的职权和本地情况制定户外广告设置规划和安全要求。在制定户外广告设置规划和安全要求时，应当组织有关部门参加，包括工商行政管理部门、城市规划部门、城市房产管理部门、市政管理部门、环境保护部门、公安部门、质量监督部门、以及其他与广告管理有关的部门。以便使得户外广告设置规划和安全要求能够切合实际和便于执行。

户外广告管理办法是指具体规范户外广告管理秩序的规范性法律文件。其内容应当包括：户外广告的监督管理机关和职责；设置户外广告设施应当遵守的具体规定和标准；禁止设置户外广告的情形；设置户外广告设施的许可或者审批程序；外广告设施应当符合的安全标准和要求；对户外广告设施日常维护的要求；违反规定应承担的法律责任等。因各地情况存在差异，《广告法》不宜对全国户外广告管理作出统一要求，而是授权由地方性法规、地方政府规章结合本体实际情况进行规定。根据《中华人民共和国立法法》的规定，省、自治区、直辖市的人民代表大会及其常务委员会根据本行政区域的具体情况和实际需要，在不同宪法、法律、行政法规相抵触的前提下，可以制定地方性法规。设区的市的人民代表大会及其常务委员会根据本市的具体情况和实际需要，在不同宪法、法律、行政法规和本省、自治区的地方性法规相抵触的前提下，可以对城乡建设与管理、环境保护、历史文化保护等方面的事项制定地方性法规，法律对设区的市制定地方性法规的事项另有规定的，从其规定。设区的市的地方性法规须报省、自治区的人民代表大会常务委员会批准后施行。省、自治区、直辖市和设区的市、自治州的人民政府，可以根据法律、行政法规和本省、自治区、直辖市的地方性法规，制定规章。地方政府规章可以作出规定的事项包括：为执行法律、行政法规、地方性法规的规定需要制定规章的事项；属于本行政区域的具体行政管理事项。

82. 新《广告法》对户外广告的设置有哪些限制性规定？

户外广告是广告的一种形式，这种形式有自己的特殊性，其特殊就在于它对于户外的周围环境有一定的影响，需要作出一些限制性的规定，以消除户外周围环境因广告行为而带来的不利影响。新《广告法》对户外广告的限制主要有以下四种情形：

一是不得利用交通安全设施、交通标志设置户外广告。交通安全设施是保证交通正常运行的建筑物或者固定物，它是交通行业不可缺少的参照物。交通标志是交通行业特定的行人和运输工具均必须执行的指示性符号，它同交通安全设施一样是确保行人和交通运输工具的安全而设置的。为了保证交通的安全，本法规定了不得利用交通安全设施、交通标志进行广告活动。这里的“利用”是指在交通安全设施或者交通标志上面进行广告活动。

二是户外广告的设置不得影响市政公共设施、交通安全设施、交通标志、消防设施、消防安全标志的使用。市政公共设施是为城市公共生产和生活而修建的建筑物或者设备，它是城市不可缺少的。有了它整个城市才能有序而又高质量地进行，人民生活才能够不断改善。交通安全设施和交通标志均是保证交通秩序而设置的。市政公共设施和交通安全设施、交通标志只有发挥其作用，才能达到人们设置建设市政公共设施、交通安全设施和设置交通标志的作用。消防设施，是指火灾自动报警系统、自动灭火系统、消火栓系统、防烟排烟系统以及应急广播和应急照明、安全疏散设施等。消防安全标志由安全色、边框、以图象为主要特征的图形符号或文字构成的标志，用以表达与消防有关的安全信息。这些设施和标志是为了预防火灾和减少火灾危害而配置的，平时虽然处于“闲置”状态，但是一旦有火险发生，这些设施和标志只有处于完好状态，才能在应急救援工作中起到保护人身、财产安全，维护公共安全等关键作用，所以，从事户外广告活动，不能妨碍其功能和影响其正常使用。

三是户外广告的设置不得妨碍生产或者人民生活，损害市容市貌。生产和生活是人们的基本需要，也是人们的基本权利。人们是否有一个好的心情来生产、生活与城市的市容、市貌有一定的关系，比如环境优美，人们就能心情舒畅，就利于生产和生活。所以，从事户外广告活动时，不能妨碍生产或者人民生活，损害市容、市貌。

四是不得在国家机关、文物保护单位和风景名胜等建筑控制地带设置户外广告，不得在县级以上地方人民政府禁止设置户外广告的区域设置户外广告。国家机关是指国家的权力机关、审判和检察机关、政府机关。这些机关的建筑物控制地带是保证国家机关的工作人员从事公务活动的场所。文物保护单位是保护国家的历史、艺术、科学价值的文化遗产单位。《文物保护法》明确规定了文物保护单位的范围和划定的办法，在文物保护单位的范围内所有的建设活动都要受到法定的限制。风景名胜等地是具有观赏、文化或者科学价值，自然或者人文景物比较集中，环境比较优美，并具有一定的规模和范围，可以供人们游览、休息或者进行科学文化活动因而加以特殊保护的地方。为了保证其不受破坏和被人们充分利用，国家对风景点的建筑控制地带给予特殊的保护。在上述三个地带从事户外广告活动，是与这些地方不相称的，影响这些地带的正常活动或者破坏其自然景观。为此，本条规定，在上述三个地带不得设置户外广告。

83. 新《广告法》是如何规制“骚扰广告”的?

随着计算机技术、通信技术和高密度存储技术和数字化技术的迅速发展，信息的存储、传播和应用方式发生了很大的变化。电子信息从根本上打破了长期以来由纸质载体储存和传播信息的局面，并在各个领域里得到广泛应用。电子信息的出现改变广告的发布方式，以电子信息技术、电子媒体通过移动电话、电子邮箱等来传达广告信息成为了一种新的广告形式。但是过度泛滥的电子广告信息也扰乱了人们的正常的生活。未得到用户允许的手机短信、恶意邮件等“垃圾广告”使得每个电子终端用户都苦不堪言。而原《广告法》由于历史的局限，没有对电子广告进行规范。

“小广告”作为城市管理的痼疾顽症，不但严重污染了城市环境，而且极大地扰乱了人们正常的生活。更严重的是，“小广告”中大多数带有违法内容，给社会生活带来一定的危害。“小广告”的信息内容通常可以分为两类：一类是发布信息的，如房屋租赁、电器维修、疏通下水道、家政服务等；另一类是危害社会的，如治疗性病、疑难杂症、办假证等，其中虚假、欺骗类的信息比较多。“小广告”主要集中在与目标消费者能够直接接触的空间，如路灯杆、公交车站、工地围墙和开放式小区墙体、楼道内、住宅门缝、报刊信箱、交通工具等。扰民“小广告”的治理已经成为所有城市的难题。

为了规范广告活动，保护消费者的合法权益，新《广告法》第四十三条对妨碍正常生活的“骚扰广告”以及以电子信息方式发送广告的行为规范作了明确的规定，即任何单位或者个人未经当事人同意或者请求，不得向其住宅、交通工具等发送广告，也不得以电子信息方式向其发送广告。鉴于实践中，广告发送者故意隐瞒真实身份和联系方式，导致接受者无法拒绝和举报，给执法工作也带来很大的困难，《广告法》还明确要求，以电子信息方式发送广告的，应当明确发送者的真实身份和联系方式，并向接受者提供拒绝继续接受的方式。第六十三条规定：违反本法第四十三条规定，向移动电话所有人发送广告的行为，有关部门可依照相关法律、行政法规规定查处。法律、行政法规未作规定的，由工商行政管理部门责令停止违法行为，处1万元以下的罚款。

84. 为什么要将互联网广告纳入新《广告法》的调整范围?

原《广告法》由于历史的局限性，只限于对广播、电影、电视、报纸、期刊等传统媒体广告予以规范，对互联网等新兴媒体则没有涉及。通常认为，互联网广告是指为了直接或间接地介绍商品或者服务等商业目的，通过互联网采用电子数据形式将与商品或者服务有关的信息进行传播的活动。原《广告法》是1994年10月27日第八届全国人民代表大会常务委员会第十次会议通过的。非常巧合的是，1994年10月14日美国著名的Wired杂志推出了网络版Hotwired，其主页上开始有AT&T等14个客户的广告Banner。这是世界上互联网广告的开端。我国的互联网起步较晚，但是发展很快。截至1999年底，全国已有网站约1.5万余家。伴随着互联网的发展，广告迅速与互联网相结合催生了互联网广告。我国第一个商业性的互联网广告出现在1997年3月，传播网站是Chinabyte，广告表现形式为468×60像素的动画旗帜广告。Intel和IBM是国内最早在互联网上投放广告的广告主。之后，利用互联网提供信息服务和发布广告成了网络公司的主要业务，广告收入也迅速成为互联网的主要收入来源。而互联网则成为了继报纸、杂志、广播、电视等传统媒体之后最强有力的广告发布载体。

互联网广告对现行法律带来很大的挑战：首先，互联网对广告法律关系的挑战。传统商业广告法律关系的主体是清晰的，包括广告主、广告经营者、广告发布者。互联网广告将两种或三种主体职权集于一身，广告主、广告经营者、广告发布者间的界限变得模糊。ISP多是集广告经营者与广告发布者两种角色于一身；宣传企业自身产品或服务的网站则将广告主、广告经营者和广告发布者三种角色集于一身，甚至任何拥有网络使用权的人都可以在网上发布广告。广告互动主体定位的不明导致各方权利义务关系的模糊化，给互联网广告规制带来了很大的困难。其次，互联网广告对广告监管工作提出了挑战。原有的按地域划分进行监管的广告监管体系已经无法适应互联网广告规制的需要。互联网的超国界性、无地域性给法律的适用带来了很大的难题。第三，互联网广告对广告的可识别性提出了挑战。互联网上存在大量以新闻形式发布的广告、以BBS论坛形式发布的广告、以搜索引擎形式发布的广告等。这些形式的广告以其较大的隐蔽性规避法律规制，也给消费者带来很大的欺骗。第四，互联网广告对隐私权保护提出了挑战。互联网通常采取某些技术手段收集个人信息，然后针对用户特点发布广告，甚至将个人信息作为商品出售，严重侵犯网络对用户的隐私权。第五，互联网广告对虚假广告治理提出了挑战。互联网是一个信息自由发布的平台，任何人都可以在互联网上发表自己的观点，既不需要核实身份，也没有什么成本。这样一种开放性的平台为一些不实或欺诈信息提供了方便。大量虚假广告欺骗、误导消费者，执法部门疲于应付，严重妨碍了互联网广告的健康发展，甚至滋生出不少违法犯罪。此外，互联网关高还引发了不正当竞争问题、骚扰广告问题、肖像侵权问题、黄毒赌等违法广告信息问题、恶意广告拦截问题等。

互联网广告作为一种新型的广告形式，一方面，其在广告市场中占有的份额越来越大，对公众生活的影响越来越大，互联网广告不应当游离于广告法的调整范围之外。另一方面，由于互联网发展速度太快，互联网广告的形式也日新月异，广告法对互联网广告的规范应当具有弹性，以便协调法律的稳定性与互联网广告的发展。为此，新《广告法》第四十四条第一款对互联网广告作出了原则性规定，即利用互联网从事广告活动，适用本法的各项规定。

85. 新《广告法》是如何规范弹出式互联网广告的？

互联网已经成为广告发布的重要媒介，利用互联网提供信息服务和发布广告成了互联网企业的主要业务，广告收入也迅速成为这些企业的主要收入来源。公众有权利免费使用网络，但同时就得允许互联网广告的存在。这与看电视一样，观众免费看电视的同时，就得容忍电视广告。但是在实践中，网络广告违法、影响用户使用正常网络等问题较为越来越突出。随着互联网的发展和网络广告竞争的加剧，各种互联网页面广告层出不穷，甚至出现了无法关闭的恶意弹窗广告等形式，强迫用户浏览观看，严重影响了用户对网络的正常使用，侵犯用户合法权益。为此，新《广告法》第四十四条第二款明确规定，利用互联网发布、发送广告，不得影响用户正常使用网络。在互联网页面以弹出等形式发布的广告，应当显著标明关闭标志，确保一键关闭。第六十三条规定，违反第四十四条第二款规定，利用互联网发布广告，未显著标明关闭标志，确保一键关闭的，由工商行政管理部门责令改正，对广告主处5000元以上3万元以下的罚款。

86. 公共场所的管理者或者电信业务经营者、互联网信息服务提供者对防止虚假广告负有何种义务？

新《广告法》第四十五条规定：公共场所的管理者或者电信业务经营者、

互联网信息服务提供者对其明知或者应知的利用其场所或者信息传输、发布平台发送、发布违法广告的，应当予以制止。

广义上的公共场所是指属于社会的，共有共用的，供人们学习、工作、社会交往、文体娱乐等所使用的场所及设施。公共场所是一个相对固定的，面向不特定人群的场所。其性质可以是经营性的场所，也可以是无偿向公众提供娱乐的场所。根据《公共场所卫生管理条例》的规定，公共场所是指：宾馆、饭馆、旅店、招待所、车马店、咖啡馆、酒吧、茶座；公共浴室、理发店、美容店；影剧院、录像厅（室）、游艺厅（室）、舞厅、音乐厅；体育场（馆）、游泳场（馆）、公园；展览馆、博物馆、美术馆、图书馆；商场（店）、书店；候诊室、候车（机、船）室、公共交通工具。公共场所管理者是一个相对比较宽泛的概念，是指对上述这些场所进行管理，且有控制危险能力的管理者。电信业务是指为了满足特定的电信需要，由主管部门或经过认可的私营机构向其客户提供的服务。电信业务根据业务类型分类为基础电信业务和增值电信业务；根据提供业务的网络，可以分为固定电信业务和无线电信业务等。这些业务的经营者即为电信业务经营者。互联网信息服务是指通过互联网向上网用户提供信息的服务活动。互联网信息服务分为经营性和非经营性两类。经营性互联网信息服务，是指通过互联网向上网用户有偿提供信息或者网页制作等服务活动。非经营性互联网信息服务，是指通过互联网向上网用户无偿提供具有公开性、共享性信息的服务活动。国家对经营性互联网信息服务实行许可制度；对非经营性互联网信息服务实行备案制度。未取得许可或者未履行备案手续的，不得从事互联网信息服务。

早在2008年，国内三大网络运营商就共同签订了《中国互联网协会反垃圾短信息自律公约》。公约内容明确指出，运营商未经用户同意发送商业内容属于垃圾短信。但是有调查称，超过三分之二的垃圾短信其实都是电信运营商自己发送的，为了利益而充当垃圾短信最大的推手。“3·15”晚会曾曝光中国电信在多地的多家分公司为垃圾短信大开方便之门。因此，净化网络广告环境，首先要从源头治理开始，在法律上明确公共场所的管理者和电信运营商、互联网信息服务提供者在治理虚假广告中的义务和法律责任。

根据《中华人民共和国侵权责任法》第三十六条的规定：“网络用户、网络服务提供者利用网络侵害他人民事权益的，应当承担侵权责任。网络用户利用网络服务实施侵权行为的，被侵权人有权通知网络服务提供者采取删除、屏蔽、断开链接等必要措施。网络服务提供者接到通知后未及时采取必要措施的，对损害的扩大部分与该网络用户承担连带责任。网络服务提供者知道网络用户利用其网络服务侵害他人民事权益，未采取必要措施的，与该网络用户承担连带责任。”为此，新《广告法》明确规定：公共场所的管理者或者电信业务经营者、互联网信息服务提供者对其明知或者应知的利用其场所或者信息传输、发布平台发送、发布违法广告的，应当予以制止。

如何认定“明知”或“应知”，新《广告法》并没有明确规定。最高人民法院2012年发布了《关于审理侵害信息网络传播权民事纠纷案件适用法律若干问题的规定》，其中第九条规定：“人民法院应当根据网络用户侵害信息网络传播权的具体事实是否明显，综合考虑以下因素，认定网络服务提供者是否构成应知：基于网络服务提供者提供服务的性质、方式及其引发侵权的可能性大小，应当具备的管理信息的能力；传播的作品、表演、录音录像制品的类型、知名度及侵权信息的明显程度；网络服务提供者是否主动对作品、表演、录音录像制品进行了选择、编辑、修改、推荐等；网络服务提供者是否积极采取了预防侵权的合理措施；网络服务提供者是否设置便捷程序接收侵权通知并及时对侵权通知作出合理的反应；网络服务提供者是否针对同一网络用户的重复侵权行为采取了相应的合理措施；其他相关因素。”第十三条规定：“网络服务提供者接到权利人以书信、传真、电子邮件等方式提交的通知，未及时采取删除、屏蔽、断开链接等必要措施的，人民法院应当认定其明知相关侵害信息网络传播权行为。”第十二条规定：“有下列情形之一的，人民法院可以根据案件具体情况，认定提供信息存储空间服务的网络服务提供者应知网络用户侵害信息网络传播权：将热播影视作品等置于首页或者其他主要页面等能够为网络服务提供者明显感知的位置的；对热播影视作品等的主题、内容主动进行选择、编辑、整理、推荐，或者为其设立专门的排行榜的；其他可以明显感知相关作品、表演、录音录像制品为未经许可提供，仍未采取合理措施的情形。”这些规定虽然不是针对广告活动而言的，但是在实践中，尤其是在认定互联网信息服务提供者“明知”或者“应知”时，可以参考。

新《广告法》第六十四条规定，公共场所的管理者和电信业务经营者、互联网信息服务提供者，明知或者应知广告活动违法不予制止的，由工商行政管理部门没收违法所得，违法所得五万元以上的，并处违法所得一倍以上三倍以下的罚款，违法所得不足5万元的，并处1万元以上5万元以下的罚款；情节严重的，由有关部门依法停止相关业务。

87. 我国的广告监管主要有哪些环节？

广告监管是指政府职能部门依据相关法律、行政法规来规范、监督和管理广告活动。广告监管职能由工商行政管理部门、国务院有关部门以及地方人民政府有关部门在其职责范围内承担，其中工商行政管理部门承担主要的监管职责。我国的广告监管主要分为事前监管、事中监管和事后监管三个环节。

事前监管环节是指在广告发布前，对广告的主体以及内容进行监管。事前监管可以预先判定广告主体、广告内容是否适格，从根本上保障监管的有效性。新《广告法》第四十六条和第四十七条的规定体现了广告审查机关对相关广告活动的事前监管。第四十六条规定，发布医疗、药品、医疗器械、农药、兽药和保健食品广告，以及法律、行政法规规定应当进行审查的其他广告，应当在发布前由有关部门对广告内容进行审查；未经审查，不得发布。第四十七条规定，广告主申请广告审查，应当依照法律、行政法规向广告审查机关提交有关证明文件。广告审查机关应当依照法律、行政法规规定作出审查决定，并应当将审查批准文件抄送同级工商行政管理部门。广告审查机关应当及时向社会公布批准的广告。

事中监管指通过实时跟踪已经发布的广告来实现对既成事实的问题及时解决。新《广告法》第四十九条第二款规定，工商行政管理部门应当建立健全广告监测制度，完善监测措施，及时发现和依法查处违法广告行为。广告监测是通过人工或技术手段统计分析广告发布的实际状况，并将监测结果作为广告效果测定以及违法广告处理的依据之一。广告行政监管机关通过广告行政监测可以及时发现违法广告，总结违法广告的规律性特点，分析发布违法广告的走向。通过广告行政监测可以及时提出违法广告的社会识别预警和警示，提醒社会公众和消费者注意识别虚假广告。通过广告行政监测还可以发现现有法律、行政法规的不足和缺陷，及时修改和完善相关法律制度。国家工商管理总颁布的《关于规范和加强广告监测工作的指导意见（试行）》对广告行政监测提出了基本要求，具体内容包括：广告监管机关应就广告监测工作建立、健全专门的数据采集、监测报告、监测档案、监测信息发布、监测对象法规培训、违法广告查处等工作制度；监测用原始资料是监测数据采集的基础，应当准确；广告日常监测可根据需要形成日报、周报、月报、季报或年报等监测报告；广告监测报告应当真实、客观地反映监测结果，对典型违法广告应当进行核实；广告监管机关根据监测报告分别形成向上级机关和有关部门的《广告发布情况专报》、面向监管系统的《广告监测通报》、面向社会的《广告违法警示公告》；《广告监测通报》应当包括监测对象的违法率、违法量、主要违法表现，发布违法广告较多的广告主、广告发布者及相关监管工作等；广告监管机关应当定期向社会发布《广告违法警示公告》，公告主要违法表现和典型违法广告，提醒公众注意识别；广告监测工作应建立监测档案制度，应保留原始资料。

事后监管主要表现为对广告违法行为的处罚及相关强制措施。如新《广告法》第四十九条规定的工商行政管理部门查封、扣押与涉嫌违法广告直接相关的广告物品、经营工具、设备等财物，责令暂停发布可能造成严重后果的涉嫌违法广告，及时发现和依法查处违法广告行为。还有对违法广告行为法律责任的追究等。

广告监管的这三个环节是紧密联系、缺一不可的，只有在广告发布前、发布中和发布后对广告进行全面的监管，广告的真实性和可靠性才能得到更好的保证，社会秩序才可以更好地朝着更健康的方向发展。

88. 哪些机关负有广告行政审查的义务?

广告与大众的生活息息相关，虚假广告误导消费者，使消费者的人身权益及财产安全受损，使社会秩序岌岌可危。行政审查作为遏制虚假广告的第一道防线，其重要性不言而喻，其不仅可以使消费者免受虚假违法广告的误导，避免人身权益和财产安全受损，还可以使广告主以及广告发布者、广告经营者的信誉得以维护，使广告业更健康地发展。为了更好地保障广告主、广告发布者、广告经营者以及消费者的合法权益，我国的广告更多的是依靠行政审查。

广告行政审查是一种行政审批制度，是指在广告发布前，由行政主管机关对广告内容的真实性和合法性进行前置审查。广告审查机关是按照法律、行政法规的规定对商品或服务进行审查的“有关的部门”，其并非指一个专门行使广告审查权的特定机关，而是对这些特殊商品或服务实施行政管理的某些主管部门，比如负责药品、食品卫生管理的卫生行政主管部门，负责农药、兽药管理的农业行政主管部门，负责医疗、医疗器械管理的医疗行政主管部门等。

具体来看，对于医疗广告而言，由卫生行政部门、中医药管理部门负责医疗广告的审查，并对医疗机构进行监督管理；对于医疗器械广告而言，由省、自治区、直辖市药品监督管理部门负责本行政区域内医疗器械广告的审查，县级以上工商行政管理部门是医疗器械广告监督管理机关；对于药品广告而言，由省、自治区、直辖市药品监督管理部门负责本行政区域内药品广告的审查，县级以上工商行政管理部门是药品广告的监督管理机关；对于保健食品广告而言，由省、自治区、直辖市（食品）药品监督管理部门负责本辖区内保健食品广告的审查，县级以上（食品）药品监督管理部门应当对辖区内审查批准的保健食品广告发布情况进行监测；对于农药广告，由国务院农业行政主管部门和省、自治区、直辖市行政主管部门在同级广告监督管理机关的指导下，对农药广告进行审查；对于兽药广告而言，由国务院农牧行政管理机关和省、自治区、直辖市农牧行政管理机关，在同级广告监督管理机关的监督指导下，对兽药广告进行审查。

89. 广告行政审查的范围和内容是什么？

需要进行行政审查的广告，主要是那些与人民生命健康和财产安全密切相关的商品或服务的广告。由于这些商品和服务的特殊性，法律、行政法规对其广告的内容作了一些必要的限制，以防止由于广告宣传的局限性误导消费者，造成人身或财产的损害。特殊商品和服务的范围，新《广告法》做了两个方面的规定：一是明确列举的药品、医疗器械、农药、兽药、保健食品和医疗广告；二是法律、行政法规规定应当进行审查的其他广告。这样规定主要是为了适应未来广告市场的发展变化，为今后对一些特殊的商品和服务广告进行审查提供相应的法律依据。

从广告审查程序上来看，几类特殊商品和服务广告无论采取何种方式发布，首先要由广告主在发布前先向广告审查机关提出申请。提出申请时，须同时提交相关的证明文件。广告审查机关应当依照法律、行政法规规定作出审查决定，并应当将审查批准文件抄送同级工商行政管理部门。广告审查机关应当及时向社会公布批准的广告。

广告行政审查主要包含两方面内容：一是对广告主体资格的审查。广告主是广告的提供者，每一个待发布广告都是广告主为了实现自己的经济利益或某种主观意愿而向社会公众作出的表示。广告一旦发布，按照本法第四条第二款的规定，广告主应当对广告内容的真实性负责。从此种意义上来说，广告主与广告的联系要比广告经营者、广告发布者密切得多。因此，广告是否合法必须以广告主自身的合法性为前提和基础。只有核实广告主具有生产、销售某种商品或提供某种服务的法律资格，且待发布广告内容与生产经营范围相一致时，广告审查机关对广告主的主体资格审查才算结束。二是对广告内容及其表现形式的审查。对内容及形式的审查即是对广告真实性的审查。首先是对广告内容的真实性的审查。审查机关要核实该广告内容是否与客观实际相符合，有无虚构夸大成分或隐瞒事实真相等问题存在，对涉及质量标准、机构认定等部分须要求广告主出具质量检验机构的证明文件及确认广告内容真实性的认定文件。其次是对广告形式的真实性审查。广告的表现形式包括画面、声音、语言文字等等，如果其任何一项与广告内容不符，都不能认定该广告经过审查。只有当广告内容与形式同样真实、可靠、合法、正当时，广告真实性的审查才算结束。再次是要确定广告内容及表现形式与我国广告管理法律、行政法规规定相符合。最后，广告内容及表现形式还要符合其他部门法，如民法、刑事诉讼法、知识产权法等的规定。总之，广告审查的核心是真实性和合法性。重点是关注广告内容是否有虚假、违法宣传或者容易误导消费者，使消费者出现歧义的画面或文字内容等。审查机关须在规定期限内作出准许或不准许发布的决定。广告审查机关应当依照法律、行政法规规定作出审查决定，并将审查批准文件送同级工商行政管理部门。广告审查机关应当及时向社会公布批准的广告。

90. 广告行政审查的具体要求和标准是什么？

针对不同的商品和服务，广告主应提交的证明文件和广告审查的要求是不完全一样的。

第一，药品广告审查的要求和标准。凡利用各种媒介或者形式发布的广告含有药品名称、药品适应症（功能主治）或者与药品有关的其他内容的，为药品广告。非处方药仅宣传药品名称（含药品通用名称和药品商品名称）的，或者处方药在指定的医学药学专业刊物上宣传药品名称（含药品通用名称和药品商品名称）的，无需审查。省、自治区、直辖市药品监督管理部门是药品广告审查机关，负责本行政区域内药品广告的审查工作。国家食品药品监督管理局对药品广告审查机关的药品广告审查工作进行指导和监督。申请药品广告批准文号，应当提交《药品广告审查表》，并附与发布内容相一致的样稿（样片、样带）和药品广告申请的电子文件。同时还应当提交真实、合法、有效的证明文件。这些证明文件和要求包括：申请人的“营业执照”复印件；申请人的“药品生产许可证”或者“药品经营许可证”复印件；申请人是药品经营企业的，应当提交药品生产企业同意其作为申请人的证明文件原件；代办人代为申办药品广告批准文号的，应当提交申请人的委托书原件和代办人的营业执照复印件等主体资格证明文件；药品批准证明文件（含“进口药品注册证”、“医药产品注册证”）复印件、批准的说明书复印件和实际使用的标签及说明书；非处方药品广告需提交非处方药品审核登记证书复印件或相关证明文件的复印件；申请进口药品广告批准文号的，应当提供进口药品代理机构的相关资格证明文件的复印件；广告中涉及药品商品名称、注册商标、专利等内容的，应当提交相关有效证明文件的复印件以及其他确认广告内容真实性的证明文件。提供本条规定的证明文件的复印件，需加盖证件持有单位的印章。药品广告审查机关收到药品广告批准文号申请后，对申请材料齐全并符合法定要求的，发给《药品广告受理通知书》；申请材料不齐全或者不符合法定要求的，应当当场或者在5个工作日内一次告知申请人需要补正的全部内容；逾期不告知的，自收到申请材料之日起即为受理。药品广告审查机关应当自受理之日起10个工作日内，对申请人提交的证明文件的真实性、合法性、有效性进行审查，并依法对广告内容进行审查。对审查合格的药品广告，发给药品广告批准文号；对审查不合格的药品广告，应当作出不予核发药品广告批准文号的决定，书面通知申请人并说明理由，同时告知申请人享有依法申请行政复议或者提起行政诉讼的权利。对批准的药品广告，药品广告审查机关应当报国家食品药品监督管理局备案，并将批准的“药品广告审查表”送同级广告监督管理机关备案。国家食品药品监督管理局对备案中存在问题的药品广告，应当责成药品广告审查机关予以纠正。对批准的药品广告，药品监督管理部门应当及时向社会予以公布。

第二，医疗器械广告审查的要求和标准。通过一定媒介和形式发布的含有医疗器械名称、产品适用范围、性能结构及组成、作用机理等内容的广告属于医疗器械广告。仅宣传医疗器械产品名称的广告无需审查，但在宣传时应当标注医疗器械注册证号。省、自治区、直辖市药品监督管理部门是医疗器械广告审查机关，负责本行政区域内医疗器械广告审查工作。国家食品药品监督管理局对医疗器械广告审查机关的医疗器械广告审查工作进行指导和监督。申请医疗器械广告批准文号，应当填写“医疗器械广告审查表”，并附与发布内容相一致的样稿（样片、样带）和医疗器械广告电子文件。同时提交真实、合法、有效的证明文件。这些证明文件和要求包括：申请人的“营业执照”复印件；申请人的“医疗器械生产企业许可证”或者“医疗器械经营企业许可证”复印件；申请人是医疗器械经营企业的，应当提交医疗器械生产企业同意其作为申请人的证明文件原件；代办人代为申办医疗器械广告批准文号的，应当提交申请人的委托书原件和代办人营业执照复印件等主体资格证明文件；医疗器械产品注册证书（含“医疗器械注册证”、“医疗器械注册登记表”等）的复印件；申请进口医疗器械广告批准文号的，应当提供“医疗器械注册登记表”中列明的代理人或者境外医疗器械生产企业在境内设立的组织机构的主体资格证明文件复印件；广告中涉及医疗器械注册商标、专利、认证等内容的，应当提交相关有效证明文件的复印件及其他确认广告内容真实性的证明文件。提供本条规定的证明文件的复印件，需证件持有人签章确认。医疗器械广告审查机关收到医疗器械广告批准文号申请后，对申请材料齐全并符合法定要求的，发给《医疗器械广告受理通知书》；申请材料不齐全或者不符合法定要求的，应当当场或者在5个工作日内一次告知申请人需要补正的全部内容；逾期不告知的，自收到申请材料之日起即为受理。医疗器械广告审查机关应当自受理之日起20个工作日内，依法对广告内容进行审查。对审查合格的医疗器械广告，发给医疗器械广告批准文号；对审查不合格的医疗器械广告，应当作出不予核发医疗器械广告批准文号的决定，书面通知申请人并说明理由，同时告知申请人享有依法申请行政复议或者提起行政诉讼的权利。对批准的医疗器械广告，医疗器械广告审查机关应当报国家食品药品监督管理局备案。国家食品药品监督管理局对备案中存在问题的医疗器械广告，应当责成医疗器械广告审查机关予以纠正。对批准的医疗器械广告，药品监督管理部门应当通过政府网站向社会予以公布。

第三，农药广告审查的要求和标准。农药广告是指利用各种媒介或形式发布的关于防治农、林、牧业病、虫、草、鼠害和其他有害生物（包括病媒害虫）以及调节植物、昆虫生产的药品广告。国务院农业行政主管部门和省、自治区、直辖市行政主管部门在同级广告监督管理机关的指导下对农药广告进行审查。申请审查境内生产的农药的广告，应当填写“农药广告审查表”，并提交农药生产者和申请人的营业执照副本及其他生产、经营资格的证明文件；农药生产许可证或准产证；农药登记证、产品标准号、农药产品标签；法律、法规规定的及其他确认广告内容真实性的证明文件。申请审查境外生产的农药的广告，应当填写“农药广告审查表”，并提交下列证明文件及相应的中文译本：农药生产者和申请人的营业执照副本或其他生产、经营资格的证明文件；中华人民共和国农业行政主管部门颁发的农药登记证、农药产品标签；法律、法规规定的及其他确认广告内容真实性的证明文件。农药广告审查机关对申请人提供的证明文件的真实性、有效性、合法性、完整性和广告制作前文稿的真实性、合法性进行审查。在受理广告申请之日起七日内作出初审决定，并发给《农药广告初审决定通知书》。申请人凭初审合格决定，将制作的广告作品送交原农药广告审查机关进行终审，农药广告审查机关在受理之日起七日内作出终审决定。对终审合格者，签发“农药广告审查表”，并发给农药广告审查批准文号。对终审不合格者，应当通知广告申请人，并说明理由。广告申请人可以直接申请终审。广告审查机关应当在受理申请之日起十日内，作出终审决定。农药广告审查机关应当将通过终审的“农药广告审查表”送同级广告监督管理机关备查。

第四，兽药广告审查的要求和标准。兽药广告是指利用各种媒介或者形式发布用于预防、治疗、诊断畜禽等动物疾病，有目的地调节其生理机能并规定作用、用途、用法、用量的物质（含饲料药物添加剂）的广告。国务院农牧行政管理机关和省、自治区、直辖市农牧行政管理机关，在同级广告监督管理机关的监督指导下，对兽药广告进行审查。申请审查境内生产的兽药的广告，应当填写“兽药广告审查表”，并提交下列证明文件：生产者的营业执照副本以及其他生产、经营资格的证明文件；农牧行政管理机关核发的兽药产品批准文号文件；省级兽药监察所近期（三个月内）出具的产品检验报告单；经农牧行政管理机关批准、发布的兽药质量标准，产品说明书；法律、法规规定的及其他确认广告内容真实性的证明文件。申请审查境外生产的兽药的广告，应当填写“兽药广告审查表”，并提交以下证明文件及相应的中文译本：申请人及生产者的营业执照副本或者其他生产、经营资格的证明文件；“进口兽药登记许可证”；该兽药的产品说明书；境外兽药生产企业办理的兽药广告委托书；中国法律、法规规定的及其他确认广告内容真实性的证明文件。兽药广告审查机关对申请人提供的证明文件的真实性、有效性、合法性、完整性和广告制作前文稿的真实性、合法性进行审查，并于受理申请之日起十日内作出初审决定，发给《兽药广告初审决定通知书》。广告申请人凭初审合格决定，将制作的广告作品送交原广告审查机关，广告审查机关在受理之日起十日内作出终审决定。对终审合格者，签发“兽药广告审查表”及广告审查批准号；对终审不合格者，应当通知广告申请人，并说明理由。广告申请人可以直接申请终审，广告审查机关应当在受理审查之日起十五日内作出终审决定。兽药广告审查机关应当将带有广告审查批准号的“兽药广告审查表”寄送同级广告监督管理机关备查。

第五，保健食品广告审查的要求和标准。保健食品属于食品范畴，是指具有特定保健功能，适宜于特定人群，具有调节机体功能，不以治疗疾病为目的的食品。省、自治区、直辖市（食品）药品监督管理部门负责本辖区内保健食品广告的审查。国家食品药品监督管理局指导和监督保健食品广告审查工作。国产保健食品广告的发布申请，应当向保健食品批准证明文件持有者所在地的省、自治区、直辖市（食品）药品监督管理部门提出。进口保健食品广告的发布申请，应当由该产品境外生产企业驻中国境内办事机构或者该企业委托的代理机构向其所在地省、自治区、直辖市（食品）药品监督管理部门提出。申请发布保健食品广告，应当提交以下文件和资料：“保健食品广告审查表”；与发布内容一致的样稿（样片、样带）和电子化文件；保健食品批准证明文件复印件；保健食品生产企业的“卫生许可证”复印件；申请人和广告代办人的“营业执照”或主体资格证明文件、身份证明文件复印件；如有委托关系，应提交相关的委托书原件；保健食品的质量标准、说明书、标签和实际使用的包装；保健食品广告出现商标、专利等内容的，必须提交相关证明文件的复印件；其他用以确认广告内容真实性的有关文件；宣称申请材料实质内容真实性的声明。提交本条规定的复印件，需加盖申请人的签章。省、自治区、直辖市（食品）药品监督管理部门应当自受理之日起对申请人提交的申请材料以及广告内容进行审查，并在20个工作日内作出是否核发保健食品广告批准文号的决定。对审查合格的保健食品广告申请，发给保健食品广告批准文号，同时将“保健食品广告审查表”抄送同级广告监督机关备案。省、自治区、直辖市（食品）药品监督管理部门应当将审查批准的“保健食品广告审查表”报国家食品药品监督管理局备案。国家食品药品监督管理局认为审查批准的保健食品广告与法定要求不符的，应当责令原审批地省、自治区、直辖市（食品）药品监督管理部门予以纠正。

第六，医疗广告审查的要求和标准。医疗广告是指利用各种媒介或者形式直接或间接介绍医疗机构或医疗服务的广告。卫生行政部门、中医药管理部门负责医疗广告的审查，并对医疗机构进行监督管理。医疗机构发布医疗广告，应当向其所在地省级卫生行政部门申请，并提交以下材料："医疗广告审查申请表"；"医疗机构执业许可证"副本原件和复印件，复印件应当加盖核发其"医疗机构执业许可证"的卫生行政部门公章；医疗广告成品样件。电视、广播广告可以先提交镜头脚本和广播文稿。中医、中西医结合、民族医医疗机构发布医疗广告，应当向其所在地省级中医药管理部门申请。省级卫生行政部门、中医药管理部门应当自受理之日起20日内对医疗广告成品样件内容进行审查。卫生行政部门、中医药管理部门需要请有关专家进行审查的，可延长10日。对审查合格的医疗广告，省级卫生行政部门、中医药管理部门发给《医疗广告审查证明》，并将通过审查的医疗广告样件和核发的《医疗广告审查证明》予以公示；对审查不合格的医疗广告，应当书面通知医疗机构并告知理由。省级卫生行政部门、中医药管理部门应在核发《医疗广告审查证明》之日起五个工作日内，将《医疗广告审查证明》抄送本地同级工商行政管理机关。

91. 新《广告法》是如何保护商业秘密的?

新《广告法》第五十二条规定：工商行政管理部门和有关部门及其工作人员对其在广告监督管理活动中知悉的商业秘密负有保密义务。

按照我国《反不正当竞争法》第十条的规定，商业秘密是指"不为公众所知悉、能为权利人带来经济利益，具有实用性并经权利人采取保密措施的技术信息和经营信息"，因此商业秘密包括两部分：技术信息和经营信息。如管理办法、产销策略、客户名单、货源情报等经营信息；生产配方、工艺流程、技术诀窍、设计图纸等技术信息。商业秘密的特点包括：第一，非公开性。其他知识产权都是公开的，甚至专利权有公开到某种程度的要求，而商业秘密要求不为公众知悉。第二，非排他性。商业秘密的专有性并不是绝对的，任何人以合法方式取得了商业秘密，商业秘密的拥有者都具有相同的法律地位，既不能阻止取得在先的人使用和转让该商业秘密，也不能阻止后取得者使用、转让该信息。第三，利益相关。商业秘密须可以为权利人带来经济利益，即能使权利人的财产或者财产上的利益得以增加。第四，期限保护。商业秘密的保护期不是法定的，取决于权利人的保密措施和他人对该项秘密的公开。

侵犯商业秘密的行为属于民事侵权行为，如果给权利人造成重大损失，也可能构成商业秘密罪。根据我国《刑法》二百一十九条的规定，以盗窃、利诱、胁迫或者其他不正当手段获取权利人的商业秘密，或者非法披露、使用或者允许他人使用其所掌握的或获取的商业秘密，给商业秘密的权利人造成重大损失的行为，属于侵犯商业秘密罪。

在市场领域，侵犯商业秘密的行为表现为多种情况，依据《反不正当竞争法》第十条的规定，下列属于侵犯他人商业秘密的反不正当行为：第一，以盗窃、利诱、胁迫或者其他不正当手段获取权利人的商业秘密。第二，披露、使用或者允许他人使用以上述第一种手段获取的权利人的商业秘密。第三，违反约定或者违反权利人有关保守商业秘密的要求，披露、使用或者允许他人使用其所掌握的商业秘密。第四，第三人明知或应知前述第一种至第三种违法行为，而获取、使用或者披露他人商业秘密。

工商行政管理部门和有关部门及其工作人员在广告监督管理活动中可能会接触或获取到当事人的一些商业秘密，为了保护当事人的商业秘密，工商行政管理部门和有关部门及其工作人员应当履行其保密义务。一是工商行政管理部门和有关人员及其工作人员不得披露、使用或者允许他人使用泄露知悉的商业秘密；二是工商行政管理部门和有关部门及其工作人员应当主动采取相应的保密措施，以防止知悉的商业秘密被他人非法获取。本法规定的保密义务人既包括工商行政管理部门，也包括与广告行政管理有关的部门，还包括这些部门的工作人员。这里的“工作人员”并不限于在执法过程中直接接触商业秘密的工作人员，而是指任何获悉商业秘密的工作人员。

92. 消费者组织应该怎样对虚假广告进行社会监督？

新《广告法》第五十四条规定：消费者协会和其他消费者组织对违反本法规定，发布虚假广告侵害消费者合法权益，以及其他损害社会公共利益的行为，依法进行社会监督。

根据我国《消费者权益保护法》的规定，消费者协会和其他消费者组织是依法成立的对商品和服务进行社会监督的保护消费者合法权益的社会组织。消费者协会通常履行如下公益性职责：（1）向消费者提供消费信息和咨询服务，提高消费者维护自身合法权益的能力，引导文明、健康、节约资源和保护环境的消费方式；（2）参与制定有关消费者权益的法律、法规、规章和强制性标准；（3）参与有关行政部门对商品和服务的监督、检查；（4）就有关消费者合法权益的问题，向有关部门反映、查询、提出建议；（5）受理消费者的投诉，并对投诉事项进行调查、调解；（6）投诉事项涉及商品和服务质量问题的，可以委托具备资格的鉴定人鉴定，鉴定人应当告知鉴定意见；（7）就损害消费者合法权益的行为，支持受损害的消费者提起诉讼或者依照本法提起诉讼；（8）对损害消费者合法权益的行为，通过大众传播媒介予以揭露、批评。消费者协会的上述公益性职责如监督、检查、建议、批评等的行为本身就是种社会监督职责，为广告法赋予消费者协会对广告的社会监督职责提供了法律基础。

《消费者权益保护法》第四十五条规定：消费者因经营者利用虚假广告或者其他虚假宣传方式提供商品或者服务，其合法权益受到损害的，可以向经营者要求赔偿。广告经营者、发布者发布虚假广告的，消费者可以请求行政主管部门予以惩处。广告经营者、发布者不能提供经营者的真实名称、地址和有效联系方式的，应当承担赔偿责任。《消费者权益保护法》还规定，广告经营者、发布者设计、制作、发布关系消费者生命健康商品或者服务的虚假广告，造成消费者损害的，应当与提供该商品或者服务的经营者承担连带责任。社会团体或者其他组织、个人在关系消费者生命健康商品或者服务的虚假广告或者其他虚假宣传中向消费者推荐商品或者服务，造成消费者损害的，应当与提供该商品或者服务的经营者承担连带责任。

另外，《消费者权益保护法》还赋予了消费者协会和其他消费者组织公益诉讼的资格，规定“对侵害众多消费者合法权益的行为，中国消费者协会以及在省、自治区、直辖市设立的消费者协会，可以向人们法院提起诉讼。”

综上所述，由消费者协会这个专门保护消费者合法权益的组织来对虚假广告进行社会监督，是消费者协会的法律职责使然，可以更好地遏制虚假广告的产生，保护消费者的合法权益。

93. 何谓伪造、变造、转让广告审查批准文件？

广告审查批准文件是广告审查机关依其职权签发的国家行政机关的公文，是证明某一特殊商品的广告内容依据法律、行政法规关于该种商品广告内容的规定经过审查，准许或者不准许广告主发布广告的文书。新《广告法》第四十八条规定：任何单位和个人不得伪造、变造或者转让广告审查批准文件。

所谓伪造广告审查决定文件，是指广告审查机关以外的单位和个人，非法制作广告审查决定文件的行为。所谓变造广告审查决定文件，是指利用涂改或者其他方法，改变广告审查决定文件原来真实内容的行为。所谓转让广告审查决定文件，是指取得广告审查决定文件的申请人，将广告审查决定文件以有偿或者无偿的方式提供给非申请人使用的行为。

伪造、变造广告审查决定文件，其目的都在于以假充真，由于伪造、变造的广告审查决定文件根本上是假的，所以是无效的。真实的广告审查决定文件如果被擅自私下买卖转让，则意味着被未经审查的广告主使用，对于其所用于的商品广告而言必然是不适用的，失去了真实的文件所应有的效力，不能作为发布特殊商品广告的依据。

对伪造、变造广告审查决定文件和转让广告审查决定文件的单位和个人，应当依照新《广告法》第六十六条的规定，由工商行政管理部门没收违法所得，并处一万元以上十万元以下的罚款。

94. 工商行政管理部门在进行广告监督管理时享有哪些职权？

新《广告法》第六条规定，国务院工商行政管理部门主管全国的广告监督管理工作，国务院有关部门在各自的职责范围内负责广告管理相关工作。县级以上地方工商行政管理部门主管本行政区域的广告监督管理工作，县级以上地方政府有关部门在各自的职责范围内负责广告管理相关工作。我国的广告监管体制是“工商监管、部门配合、行业自律、社会监管”模式，其中工商行政管理部门在广告监管中起着主导作用。

为了保障广告监督管理工作的顺利开展可以行使下列职权：

第一，对涉嫌从事违法广告活动的场所实施现场检查。行政检查是指行政主体为实现行政管理目的，依法对行政相对一方是否遵守法律和行政决定所进行的督促检查行为，是行政机关依法行使法律、法规赋予的检查权力的表现形式。工商管理部门在进行广告监管时，对涉嫌违法从事广告活动的场所可以实施现场检查，但是应当在法定权限范围内行使行政检查权，检查程序要合法，现场实施检查的执法人员不少于2人，且不得滥用检查权。检查人员不得隐瞒事实，虚构记录。检查人员在执法检查中不得收取费用，检查结果需要行政处罚的，应当按法定程序执行。

第二，询问涉嫌违法当事人或者其法定代表人、主要负责人和其他有关人员，对有关单位或者个人进行调查。为了解事实真相，收集广告监管需要的证据和材料，工商行政管理部门可以向涉嫌广告违法的当事人进行询问，如果涉嫌广告违法的对象是企业法人或其他组织时，可以询问其法定代表人、主要负责人和其他有关人员。此外，还可以对了解案情有帮助的单位或者个人进行调查走访。

第三，要求涉嫌违法当事人限期提供有关证明文件。从事商业广告活动的主体通常需要具备法律规定的市场准入资格，许多广告活动需要取得广告审查机关的审核许可。在广告监管中，有时需要行政相对人提供相关证明文件，以便确认其行为合法与否。

第四，查阅、复制与涉嫌违法广告有关的合同、票据、账簿、广告作品和其他有关资料。广告活动中形成的合同、票据、账簿、广告作品和其他有关资料是广告档案的重要内容。本法第三十四条明确规定，“广告经营者、广告发布者应当按照国家有关规定，建立、健全广告业务的承接登记、审核、档案管理制度。”工商行政管理部门在查处涉嫌违法广告时，有权查阅、复制这些档案材料。

第五，查封、扣押与涉嫌违法广告有关的广告物品、经营工具、设备等财物。查封和扣押是两种常见的行政执法强制措施。查封是指对涉案人员的财物或场所就地封存的强制措施；扣押是为了防止案件当事人处分、转移财产而对涉案财产采取的扣留、保管的强制措施。

第六，责令暂停发布可能造成严重后果的涉嫌违法广告。暂停发布是广告监管主体对广告发布事后的必要保证，如果广告系虚假违法情形，那么一经发布对公共利益的损害便是既成事实，为防止损害的进一步扩大或恶性发展，必须及时在媒介范畴暂时停止发布。责令暂停发布广告本身不属于行政处罚的种类，而是一种行政执法措施，其目的是为了防止涉嫌违法广告一旦发布可能带来的无法挽回的严重后果。责令暂停后，如果经核实，涉嫌违法的广告并不违法，工商行政管理部门应当恢复该广告的发布。

第七，法律、行政法规规定的其他职权。广告行政监管是一项复杂的工作，除了上述几项权力外，工商行政管理部门还享有法律、行政法规规定的其他职权。

95. 谁有权制定大众传播媒介广告发布行为规范？

新《广告法》第五十条规定：国务院工商行政管理部门会同国务院有关部门，制定大众传播媒介广告发布行为规范。

大众传播媒介是在信息传播过程中处于职业传播者和大众之间的媒介体，指复制、传递信息的机械和传播组织、团体及其出版物和影视、广播节目。大众传播媒介主要是指报纸、广播、电影、电视、报纸、期刊、移动通信网络、互联网等，这些传播媒介传播信息具有速度快、范围广、影响大等特点。大众传播媒介具有五项功能，即宣传功能、新闻传播功能、舆论监督功能、实用功能和文化积累功能。

大众传播媒介主要分为印刷类和电子类，这两类媒介虽然各有特点，但都是发布广告的主要载体。传统广告期初主要是以报刊杂志等纸媒为载体的，后来增加了广播、电视等音像类媒体。随着互联网的快速发展，移动通信网络、互联网等开始成为广告的新兴载体。由于大众传媒具有速度快、范围广、影响大等特点，而广告除了传统的商品和服务推销功能外，已经发展成为现代社会的一种文化。作为一种社会现象，广告对社会的影响不仅仅局限于商业领域，它早已超越了作为商品促销工具的狭窄范畴，全面渗透到社会的意识形态领域，对人们的观念世界产生潜移默化的影响。广告已经成为塑造大众信仰、世界观、价值观的最重要媒介之一。因此，规范大众传播媒介的广告发布行为意义非常重大。

新《广告法》对规范大众传播媒介发布广告的行为作出了很大努力。主要表现在这些规定方面：第一，大众传播媒介不得以新闻报道形式发布广告。通过大众传播媒介发布的广告应当显著标明“广告”，与其他非广告信息相区别，不得使消费者产生误解。第二，广播电台、电视台发布广告，应当遵守国务院有关部门关于时长、方式的规定，并应当对广告时长作出明显提示。第三，广播电台、电视台、报刊音像出版单位、互联网信息服务提供者不得以介绍健康、养生知识等形式变相发布药品、医疗器械、医疗、保健食品广告。第四，禁止在大众传播媒介或者公共场所发布声称全部或者部分替代母乳的婴儿乳制品、饮料和其他食品广告。第五，禁止大众传播媒介发布烟草广告。第六，大众传播媒介有义务发布公益广告。广播电台、电视台、报刊出版单位应当按照规定的版面、时段、时长发布公益广告。

大众传播媒介非常多元化，新兴的大众传播媒介也将会随着社会发展不断涌现，而且不同的大众传播媒介涉及不同的行政主管部门。单纯依靠《广告法》是不可能将所有大众传播媒介发布广告的行为都作出规定的。需要针对不同的大众传播媒介制定具体的广告发布行为规范。为此，《广告法》授权国务院工商行政管理部门会同国务院有关部门，制定利用大众传播媒介发布广告的行为规范。

96. 当事人应当如何协助和配合工商行政管理部门的广告监管？

新《广告法》第五十一条规定：工商行政管理部门依照本法规定行使职权，当事人应当协助、配合，不得拒绝、阻挠。

工商行政管理部门与广告活动当事人之间是一种行政管理法律关系。在这一法律关系中，工商行政管理部门是行政主体，是执法者，依法行使行政职权；广告活动当事人是行政相对人。行政相对人是指行政管理法律关系中与行政主体相对应的另一方当事人，是受行政主体行政行为影响的个人或组织。根据我国有关法律、行政法规的规定，行政相对人在行政关系中应履行的法律义务主要包括：服从行政管理的义务、协助公务的义务、接受行政监督的义务、提供真实信息的义务以及遵守法定程序的义务。

新《广告法》第四十九条规定了工商行政管理部门履行广告监督管理职责时可以行使的检查权，询问权，要求限期提供有关证明文件权，查阅、复制有关资料权，查封、扣押权，责令暂停发布广告权等一系列行政执法权。广告活动当事人对工商行政管理部门依法行使行政职权的活动，应当给予协助、配合，不得拒绝、阻挠，以保障广告监督管理工作的正常开展。

举例说明：浙江省绍兴市城乡建设发展总公司与绍兴日月房地产开发有限公司共同开发绍兴市区胜利路1号地块“日月花园”。2015年1月《绍兴晚报》和《绍兴日报》刊登了绍兴市城乡建设发展总公司的售房广告，其广告有“入户日月花园，全家可办城市户口”的内容。不少市民看了上述广告后纷纷前去咨询。与此同时，有群众向当地工商部门反映，称此广告有违法嫌疑。绍兴市工商行政管理局安排工商执法人员到达该公司现场进行检查，并要求该公司出具广告发布的相关文件资料，负责公司行政管理的王某对工商部门的检查工作非常抵触，拒不出示所有相关广告手续资料，拒不接受询问，并且在语言上多次恶意辱骂执法人员。在工商执法人员严厉警告后，王某组织该公司多名保安和工作人员围堵办公室入口，不让工商执法人员进入办公区域，负责带队的工商执法人员李某在上面交涉时，被王某猛力推倒在地，致使李某腿部和肩部挫伤，场面一度混乱，经围观人员110报警后，警察及时赶到现场，将王某带到派出所，并根据我国《治安处罚法》第五十条之规定，处以行政拘留七天的处罚。经过调查，绍兴市工商行政管理局认为，绍兴市城乡建设发展总公司的发布房产广告包含过户内容等行为，违反了《房地产广告发布暂行规定》第十八条“房地产广告中不得含有广告主能够为入住者办理户口、就业、升学等事项的承诺”之规定[①]，2月10日，绍兴市工商行政管理局根据《房地产广告发布暂行规定》对绍兴市城乡建设发展总公司作出了行政处罚决定书，责令该公司立即停止发布违法广告，并对其处以罚款9000元。绍兴市城乡建设发展总公司不服，于2月27日把绍兴市工商局推上了被告席，诉请法院撤销绍兴市工商局的上述行政处罚决定。绍兴市城乡建设发展总公司诉称，其发布的房地产广告中的“可办”并不是“能办”，不是一种承诺。行政机关实施行政处罚时必须以法律、行政法规为依据。而被告仅以国家工商行政管理局令即《房地产广告发布暂行规定》为依据，显然被告所作行政处罚的依据不合法。《房地产广告发布暂行规定》主要依据《广告法》而

① 该案件发生在新《广告法》实施之前，不适用新《广告法》第二十六条关于房地产广告的规定。

制定，而《广告法》并没有对原告广告中的类似广告词的发布作禁止性规定。被告绍兴市工商局则辩称，办理户口等有关事宜是政府户籍管理部门的职能，房地产开发商无权办理，也无权作出这一承诺。《房地产广告发布暂行规定》是国家工商局依据《广告法》制定的，是对《广告法》的补充、完善和具体化，《房地产广告发布暂行规定》并未超出工商部门的职权范围。法院在查明事实后认为，原告的广告词在一定程度上误导了消费者和侵犯了其他房地产开发商的利益。虽然政府作出了购买房屋后户口管理的有关规定，但户口管理应属政府行政管理范围，原告作为一家房地产开发商，以此用作广告词向外发布，已违反了《房地产广告发布暂行规定》第十八条的规定。浙江省绍兴市越城区人民法院判决，维持绍兴市工商行政管理局对绍兴市城乡建设发展总公司所作出的行政处罚决定，驳回了原告的诉讼请求。

97. 新《广告法》对投诉、举报制度是如何规定的？

新《广告法》第五十三条规定，任何单位或者个人有权向工商行政管理部门和有关部门投诉、举报违反本法的行为。工商行政管理部门和有关部门应当向社会公开受理投诉、举报的电话、信箱或者电子邮件地址，接到投诉、举报的部门应当自收到投诉之日起七个工作日内，予以处理并告知投诉、举报人。工商行政管理部门和有关部门不依法履行职责的，任何单位或者个人有权向其上级机关或者监察机关举报。接到举报的机关应当依法作出处理，并将处理结果及时告知举报人。有关部门应当为投诉、举报人保密。

任何单位或者个人有权向工商行政管理部门和有关部门投诉、举报违反《广告法》的行为。这是关于投诉和举报的权利主体、受理投诉和举报的义务主体及投诉和举报事项范围的规定。享有投诉、举报权的主体是非常广泛的，即“任何单位或者个人”。通常而言，投诉是指权益被侵害者本人对侵犯其合法权益的违法事实向有关国家机关主张自身权利的行为。举报是指公民或者单位向司法机关或者其他有关国家机关和组织检举、控告、违纪、违法、犯罪，依法行使其民主权利的行为。举报人可以不是权益受到侵害者本人。因此，这里的投诉人一般是受到违反《广告法》行为侵害的受害人或单位；举报权是公民的一项民主权利，举报人则可以是任何检举、控告违反《广告法》规定的人单位或者个人。受理投诉和举报的义务主体是工商行政管理部门和有关部门。这是因为，县级以上地方工商行政管理部门主管本行政区域的广告监督管理工作，县级以上地方人民政府有关部门在各自的职责范围内负责广告管理相关工作。投诉和举报的事项范围是“违反本法”的行为，即违反《广告法》规定的违法行为。需要注意的是，投诉和举报的事项并不限于“违法广告行为”，而是泛指违反《广告法》规定的一切行为。

工商行政管理部门和有关部门应当向社会公开受理投诉、举报的电话、信箱或者电子邮件地址，接到投诉、举报的部门应当自收到投诉之日起七个工作日内，予以处理并告知投诉、举报人。这是对受理投诉、举报工作的要求和处理投诉、举报程序的规定。投诉和举报最常见的途径有电话、信函、面谈、互联网等。因此，本条首先要求负有受理投诉和举报义务的工商行政管理部门和有关部门，应当向投诉、举报者提供这些途径，即“向社会公开受理投诉、举报的电话、信箱或者电子邮件地址”，并且要保障这些渠道和途径的畅通。在实践中，无论采取哪种途径，投诉者或举报者都应当提供几项关键的信息：一是投诉人或举报人的基本情况。即投诉人的姓名、性别、单位名称、联系地址、联系电话等；二是被投诉方或被举报方的基本情况。即被投诉方名称、地址、电话等；三是投诉或举报的违法事项和事实以及相关的证据等。四是投诉或举报的具体诉求。

工商行政管理部门和有关部门接到投诉、举报后，应当自收到投诉之日起七个工作日内，予以处理并告知投诉、举报人。这里需要注意几点：首先，“七个工作日”不等于“七天”。收到投诉、举报的当天不计入，应该从收到投诉、举报的第二天开始计算“七个工作日”。其次，“予以处理”的结果并不一定是对投诉或举报的“违法行为”本身的处理，而是分不同情况的处理结果。如果投诉、举报的事项不属于违反《广告法》的事项，则受理机关应当告知投诉、举报人其投诉、举报的事项不属于本机构受理的范围，并建议其向有权受理的机关投诉或举报；如果投诉、举报的事项虽然属于违反《广告法》的事项，但不属于本机关管辖的事项，则受理机关应当将投诉、举报主动转送给有管辖权的机关，并将转送结果告知投诉、举报人。比如工商行政管理部门受理投诉、举报后，发现应归食品药品监督管理机关管辖，则应当主动将该投诉、举报转送食品药品监督管理机关，并将转送结果告知投诉、举报人。反之也然。如果受理的投诉、举报正好归受理机关管辖，则受理机关应当立案进行调查处理，并将调查处理结果或调查处理工作的进展情况告知投诉、举报人。总之，“七个工作日内予以处理并告知投诉、举报人”是受理机关的一项法定义务。

工商行政管理部门和有关部门不依法履行职责的，任何单位或者个人有权向其上级机关或者监察机关举报。接到举报的机关应当依法作出处理，并将处理结果及时告知举报人。这是对工商行政管理部门和有关部门行政不作为的处理程序。这里的“上级机关”原则上应当是指受理投诉、举报机关的“上一级机关”。根据《中华人民共和国行政监察法》的规定，行政监察机关隶属于各级人民政府，是各级人民政府行使监察职能的机关，是管理行政监察事务的行政机关。行政监察工作应当在国务院及地方各级人民政府的领导和管理下进行。接到举报的“上级机关”或“监察机关”应当依法作出处理。这里的“处理”是指对受理投诉、举报的工商行政管理部门和有关部门“行政不作为”的处理，而不是对“违反本法”的违法广告行为的处理。接到举报的“上级机关”或“监察机关”还应当将处理结果及时告知举报人。注意这里没有明确规定告知的具体时间期限，而是要求“及时”告知。

有关部门应当为投诉、举报人保密。这是为了保护投诉、举报人而做的规定。公民或单位对违反《广告法》的行为依法进行投诉、举报，有助于工商行政管理部门和有关部门依法行政，有利于打击违法行为和维护受害者的合法权益，也有利于维护本法的权威性。这样的行为应当得到支持和鼓励。但是如果不对投诉、举报人的行为及身份给予保密，就有可能使投诉、举报者遭到打击报复，这不利于调动单位或公民投诉、举报的积极性。为此，本条要求有关部门应当为投诉、举报人保密。这里的“有关部门”并不限于受理投诉、举报的工商行政管理部门和有关部门，以及本条规定的“上级机关或监察机关”，而是所有知悉投诉、举报的机关及其工作人员。

举例说明：陈某在北京某区某商城厂家专柜购买了“海鲴达”、“海鲳”海鲜食品，该食品外包装标有“来自最天然洁净无污染的海洋”“顶级品质”字样，陈某某认为“最天然”“顶级”属绝对化用语，违反了《广告法》的相关规定，属于对商品作引人误解的虚假宣传，于是就向区工商分局进行举报，该举报称请区工商分局责令该商城厂家专柜退还货款，并依据《中华人民共和国消费者权益保护法》的规定对其进行赔偿，并依法对该商城专柜厂家作出行政处罚，查处结果书面告知举报人，并依法奖励举报人。区工商分局接到陈某举报后，并没有对被举报的商城专柜进行现场检查，而是口头通知陈某先向消费者协会投诉，自行前往处理退货事宜，工商分局不接受个人的举报违法广告行为。陈某无奈只好拨打消费者协会热线，描述了购买虚假广告食品的具体经过，消费者协会工作人员回复并没有权限直接陪同陈某前往商城厂家专柜处理，会把陈某的投诉请求记录，转给相关部门处理，并建议陈某等待消息。陈某继续和区工商分局经办人联系，要求工商分局前往现场调取该商城专柜供货商资质、卫生证书、进口货物报关单等材料，并要求对虚假广告行为进行调查处理。区工商分局对此没有明确答复，口头告知陈某继续等待工商执法部门的调查结果。陈某在投诉无门的情况下，向上级部门北京市工商局进行了投诉举报，该部门负责人员在经过调查了解具体情况后，责成区工商分局及时处理了陈某的举报事项，并对工商分局的经办负责人进行了内部通报处理。

98. 何谓法律责任，包括哪些种类？

法律责任是指因违反了法定义务或契约义务，或不当行使法律权利、权力所产生的，由行为人承担的不利后果。是由特定法律事实所引起的对损害予以补偿、强制履行或接受惩罚的特殊义务，亦即由于违反第一性义务而引起的第二性义务。

根据违法行为的一般特点，可以将法律责任的构成要件概括为：主体、过错、违法行为、损害事实和因果关系五个方面。法律责任主体是指违法主体或者承担法律责任的主体。责任主体不完全等同于违法主体。违法行为或违约行为是指违反法律所规定的义务、超越权利的界限行使权利以及侵权行为的总称，一般认为违法行为包括犯罪行为和一般违法行为。损害事实是指受到的损失和伤害的事实，包括对人身、对财产、对精神（或者三方面兼有的）的损失和伤害。主观过错是指承担法律责任的主观故意或者过失。因果关系是指行为与损害之间的因果关系，它是存在于自然界和人类社会中的各种因果。

根据责任承担的内容是否涉及有财产赔偿为标准，可分为财产责任和非财产责任；根据承担责任的程度不同，可以分为有限责任和无限责任。这种责任划分只在分析违反民法和商法等私法的时候才有价值；根据行为主体的身份和名义不同，可以分为职务责任与个人责任。这种责任划分只在分析因代理人的行为而产生的责任的时候才有价值；根据主观过错在法律责任中的地位，可以把法律分为过错责任和公平责任。另外一种最重要也是最常见的划分是根据违法行为所违反的法律的性质，把法律责任分为民事责任、行政责任、经济法责任、刑事责任、违宪责任和国家赔偿责任。

民事责任是指由于违反民事法律、违约或者由于民法规定所应承担的一种法律责任。包括：停止侵害、排除妨碍、消除危险、返还财产、恢复原状、修理、重作、更换、赔偿损失、支付违约金、消除影响、恢复名誉、赔礼道歉等。

刑事责任是指行为人因其犯罪行为所必须承受的，由司法机关代表国家所确定的否定性法律后果，包括主刑和附加刑。其中主刑包括管制、拘役、有期徒刑、无期徒刑、死刑。附加刑包括罚金、剥夺政治权利、没收财产、驱逐出境。

行政责任是指因违反行政法规定或因行政法规定而应承担的法律责任。分为行政处分（内部制裁措施）和行政处罚两种。其中行政处分包括警告、记过、记大过、降级、撤职、开除；行政处罚包括警告、罚款、没收违法所得、没收非法财物、责令停产停业、暂扣或吊销许可证、暂扣或者吊销执照、行政拘留以及法律、行政法规规定的其他行政处罚。

违宪法律责任是指因违反宪法而应当依法承担的法律后果。违宪主要有两种情况：一是有关国家机关制定的某一法律、法规或规章与宪法的规定相抵触；二是国家机关、社会组织或公民的某种活动与宪法的规定相抵触。在我国，监督宪法实施的权力属于全国人民代表大会及其常务委员会。

国家赔偿责任是指在国家机关行使公权力时由于国家机关及其工作人员违法行使职权所引起的由国家作为承担主体的赔偿责任。

99. 何谓行政处罚，广告活动涉及哪些行政处罚？

行政处罚是指行政机关或其他行政主体依法定职权和程序对违反行政法规尚未构成犯罪的相对人给予行政制裁的具体行政行为。根据《行政处罚法》和其他法律、法规的规定，行政处罚可以分为人身罚、行为罚、财产罚与申诫罚。人身罚是指特定行政主体限制和剥夺违法行为人的人身自由的行政处行政拘留罚，是最严厉的行政处罚，主要是指行政拘留。行为罚是指行政主体限制或剥夺违法行为人特定的行为能力的制裁形式。具体包括责令停产、停业与暂扣或者吊销许可证和营业执照。财产罚是指行政主体依法对违法行为人给予的剥夺财产权的处罚形式，是运用最广泛的一种行政处罚。具体包括罚款与没收违法所得、没收非法财物。行政处罚通常由具有行政处罚权的行政机关在法定职权范围内实施。国务院或者经国务院授权的省、自治区、直辖市人民政府可以决定行政机关行使有关的行政处罚权，但限制人身自由的行政处罚权只能由公安机关行使。法律、法规授权的具有管理公共事务职能的组织，可以在法定授权范围内以实施行政处罚。受委托的组织必须在授权范围内，以委托行政机关名义实施行政处罚，委托行政机关对受委托的组织实施行政处罚的行为负责监督，并对该组织实施行政处罚行为的后果承担法律责任。

广告活动中涉及的行政处罚主要包括：责令改正、责令停止发布广告、责令在相应范围内消除影响、罚款、没收违法所得、吊销许可证和营业执照。广告行政处罚的主要实施单位是工商行政管理部门。国务院工商行政管理部门主管全国的广告监督管理工作，县级以上地方工商行政管理部门主管本行政区域的广告监督管理工作。除此之外，新《广告法》还规定，医疗机构发布虚假广告，或者违反限制性发布广告，情节严重的，除由工商行政管理部门依照《广告法》处罚外，卫生行政部门可以吊销诊疗科目或者吊销医疗机构执业许可证。广播电台、电视台、报刊音像出版单位发布违法广告，或者以新闻报道形式变相发布广告，或者以介绍健康、养生知识等形式变相发布医疗、药品、医疗器械、保健食品广告，在工商行政管理部门依法给予处罚后，应当通报新闻出版广电部门以及其他有关部门。新闻出版广电部门以及其他有关部门应当依法对负有责任的主管人员和直接责任人员给予处分；情节严重的，并可以暂停媒体的广告发布业务。新闻出版广电部门以及其他有关部门未依照规定对广播电台、电视台、报刊音像出版单位进行处理的，对负有责任的主管人员和直接责任人员，依法给予处分。价格主管部门在广告经营者、广告发布者未公布其收费标准和收费办法的，应责令改正，可以处五万元以下的罚款。

100. 新《广告法》在行政处罚方面有何变化？

与原《广告法》相比，新《广告法》对行政处罚形式的规定操作性更强，对处罚标准的规定更加细致，惩罚力度更大。

原《广告法》对行政处罚的规定较为简单，如“没收广告费用，并处广告费用一定倍数的罚款”或者直接处以一定金额的罚款。新《广告法》对行政处罚形式的规定更加多样化，针对一种违法行为可以根据实际情况选择合适的处罚形式。通常情况下，罚款是根据实际广告费用来计算。广告费用明确且合理的，根据广告费用收取一定倍数的罚款，如果广告费用无法计算或者明显偏低，则按法定标准进行罚款。比如，原《广告法》第三十七条规定：违反本法规定，利用广告对商品或者服务作虚假宣传的……并处广告费用 1 倍以上 5 倍以下的罚款……。而新《广告法》第五十五条规定：违反本法规定，发布虚假广告的，……处广告费用三倍以上五倍以下的罚款，广告费用无法计算或者明显偏低的，处二十万元以上一百万元以下的罚款；两年内有三次以上违法行为或者有其他严重情节的，处广告费用五倍以上十倍以下的罚款，广告费用无法计算或者明显偏低的，处一百万元以上二百万元以下的罚款。

与原《广告法》相比，新《广告法》的处罚力度明显加大。如针对“广告应当具有可识别性，能够使消费者辨明其为广告。大众传播媒介不得以新闻报道形式发布广告。通过大众传播媒介发布的广告应当有广告标记，与其他非广告信息相区别，不得使消费者产生误解”这一点，《广告法》修订前后均有规定，但惩罚力度却有不同。原《广告法》规定，“发布广告违反本法第十三条规定的，由广告监督管理机关责令广告发布者改正，处以 1000 元以上 10000 元以下的罚款。”新《广告法》则规定，“广告违反本法第十四条规定，不具有可识别性的……由工商行政管理部门责令改正，对广告发布者处十万元以下的罚款。”

101. 新《广告法》对哪些广告行为会进行罚款？

根据新《广告法》的规定，广告主、广告经营者、广告发布者以及广告代言人都可能因违法行为成为罚款的对象。

第一，对广告主进行罚款的情形。广告主在四种情况下会被罚款：一是发布虚假广告；二是违反《广告法》禁止性规定发布广告。禁止性规定主要包括《广告法》第九条、第十条、第十五条、第二十条、第二十二条、第三十七条、第四十条第一款规定的禁止内容；三是违反《广告法》限制性规定发布广告。限制性规定主要包括第十六条、第十七条、第十八条、第二十一条、第二十三条、第二十四条、第二十五条、第二十六条、第二十七条、第三十八条第二款和第三款、第三十九条、第四十条第二款、第四十六条的规定；四是违反一般广告准则的行为。具体包括第八条、第十一条、第十二条、第十三条的规定。

第二，对广告经营者和广告发布者进行罚款的情形主要有：明知或者应知广告虚假仍设计、制作、代理、发布的；违反《广告法》禁止性规定发布广告的；明知或应知医疗、药品、医疗器械广告中含有违法行为仍设计、制作、代理、发布的；明知或应知违反一般广告准则，仍设计、制作、代理、发布的；未按照国家有关规定建立、健全广告业务管理制度，未对广告内容进行核对，未公布其收费标准和收费办法的。

第三，仅对广告发布者进行罚款的情形有：发布的广告不具有可识别性，使消费者不能辨明其为广告；广播电台、电视台、报刊音像出版单位、互联网信息服务提供者以介绍健康、养生知识等形式变相发布医疗、药品、医疗器械、保健食品广告的。

第四，对广告代言人进行罚款的情形主要有：为医疗、药品、医疗器械广告以及保健品广告作推荐、证明的；为其未使用过的商品或者未接受过的服务作推荐、证明的；明知或者应知广告虚假仍在广告中对商品、服务作推荐、证明的。

102. 新《广告法》对虚假广告的行政责任是如何规定的？

广告应当真实、合法，不得含有虚假的内容欺骗和误导消费者。新《广告法》第二十八条对虚假广告的界定和具体情形作出了明确规定。由于虚假广告传递的是与事实不相符合的信息，其很可能会给消费者带来不同程度的损失，因此对于发布虚假广告的行为应当予以法律制裁。行政法律责任是指对违反行政法律的一般违法行为的单位或个人，依照法律、行政法规的规定追究的法律责任。行政责任包括行政处罚和行政处分。行政处罚的方式主要有：警告、罚款、没收违法所得或者没收非法财物、责令停产停业、暂扣或者吊销许可证、暂扣或者吊销执照、行政拘留等。

对虚假广告应当承担行政责任的主体包括广告主、广告经营者、广告发布者和广告代言人。

第一，广告主的行政责任。广告主是指为推销商品或者服务，自行或者委托他人设计、制作、发布广告的自然人、法人或者其他组织。广告主可以自行发布广告，也可以委托他人发布广告。《广告法》第四条规定，广告主应当对广告内容的真实性负责。这意味着广告主是虚假广告的第一责任人。广告主对虚假广告承担行政责任不以其主管故意为条件，即无需考虑广告主对虚假广告是明知还是应知，只要发布的广告构成虚假广告，广告主就得承担行政责任。广告主违反《广告法》规定发布虚假广告，应承担的行政责任是：由工商行政管理部门责令停止发布广告、在相应范围内消除影响、接受罚款、吊销营业执照、撤销广告审查批准文件、一年内不再受理其广告申请。广告主的具体行政责任主要与其发布虚假广告行为违法情节及危害性大小有关。首先，只要广告主的行为构成发布虚假广告，工商管理部门首先应当责令其停止发布广告，这里的“广告”是指广告主发布的“虚假广告”，而不是指广告主发布的所有广告。这样做的目的在于防止虚假广告影响范围的进一步扩大，最大限度地降低虚假广告可能带来的危害。对于广告主发布虚假广告已经造成的不良影响，工商行政管理部门在责令停止发布广告中的同时，应当责令其“在相应范围内消除影响”。只要广告主的行为被认定为“违反广告法发布虚假广告”，工商行政管理部门就应对其作出“罚款”的行政处罚。第二，关于罚款的标准，分两种情况。罚款通常依据广告费用来计算。广告费用明确且合理的，则根据广告费用的一定倍数来计算；如果广告费用无法计算或明显偏低，则按固定的数额进行处罚。即一般的情况下，处广告费用三倍以上五倍以下的罚款，广告费用无法计算或者明显偏低的，处20万元以上100万元以下的罚款；违法情节严重的，处广告费用五倍以上十倍以下的罚款，广告费用无法计算或者明显偏低的，处100万元以上200万元以下的罚款。第三，《广告法》关于“严重情节”作了两种表述：一是“两年内有三次以上违法行为”，这是一种明确的可以量化的“严重情节”；二是“其他严重情节的”，这种情况需要由执法部门根据其他法律、行政法规的规定来掌握。对于“严重情节”的违法行为，除了罚款力度加大外，还“可以吊销营业执照，并由广告审查机关撤销广告审查批准文件、一年内不受理其广告审查申请。”这里的“可以”是授予了执法部门一种自由裁量权，即在对违法的广告主处以罚款的同时，工商行政管理部门有权视违法行为和情节，决定是否同时处以“吊销营业执照”的处罚；由广告审查机关决定是否“撤销广告审查批准文件”。一旦被“撤销广告审查批准文件”，则“一年内不受理其广告审查申请。”

第二，医疗机构的行政责任。医疗机构是一类特殊的广告主。根据《医疗机构管理条例》的规定，医疗机构执业，必须进行登记，领取“医疗机构执业许可证”。医疗机构的执业登记，由批准其设置的人民政府卫生行政部门办理。医疗机构的执业登记，由所在地的省、自治区、直辖市人民政府卫生行政部门办理。机关、企业和事业单位设置为内部职工服务的门诊部、诊所、卫生所（室）的执业登记，由所在地的县级人民政府卫生行政部门办理。医疗机构是一类特殊的广告主，医疗机构经常利用各种媒介或形式直接或间接介绍医疗机构本身或其医疗服务，是医疗广告的广告主。由于医疗服务的水平与公民的生命健康密切相关，虚假医疗广告给患者和社会带来的危害要比一般商品或服务的虚假广告大的多，因此国家对医疗广告的要求更高。按照《广告法》的规定，医疗广告应当在发布前由广告审查机关对广告内容进行审查，未经审查，不得发布。广告审查机关应当依照法律、行政法规的规定作出审查决定，并应将审查批准文件抄送同级工商行政管理部门。广告审查机关应当及时向社会公布批准的广告。医疗广告的审查机关是卫生行政部门、中医药管理部门。《广告法》对医疗机构发布虚假广告的法律责任作了比一般广告主更为严格的责任规定，即医疗机构违反《广告法》发布虚假公告，情节严重的，除由工商行政管理部门给予罚款、吊销营业执照等行政处罚外，卫生行政部门可以吊销诊疗科目或者吊销医疗机构执业许可证。“吊销诊疗科目或者吊销医疗机构执业许可证”属于一种资格罚。

第三，广告经营者与广告发布者的行政责任。广告经营者是指接受委托提供广告设计、制作、代理服务的自然人、法人或者其他组织。广告发布者，是指为广告主或者广告主委托的广告经营者发布广告的自然人、法人或者其他组织。广告经营者、广告发布者承担的行政责任主要是：没收广告费用、罚款、吊销营业执照、吊销广告发布登记证件。首先，与广告主承担行政责任的条件不同，因发布虚假广告而追究广告经营者、广告发布者时，需要考虑广告经营者、广告发布者的主观过错，即广告经营者、广告发布者只对“明知或者应知”的虚假广告设计、制作、发布行为承担行政责任。其次，根据广告费用是否明确和合理，罚款也分为两种情况。广告费用明确和合理的，按广告费用三倍以上五倍以下罚款；广告费用无法计算或者明显偏低的，处 20 万元以上 100 万元以下的罚款。两年内有三次以上违法行为或者有其他严重情节的，处广告费用五倍以上十倍以下的罚款，广告费用无法计算或者明显偏低的，处100万元以上200万元以下的罚款。第三，情节严重的，除了没收广告费用和罚款外，并可以吊销营业执照、吊销广告发布登记证件。是否应“吊销营业执照、吊销广告发布登记证件”，由执法机关依据违法情节来决定选择适用。

第四，广告代言人的行政责任。根据新《广告法》第六十二条的规定，广告代言人明知或者应知广告虚假仍在广告中对商品、服务作推荐、证明的，由工商行政管理部门没收违法所得，并处违法所得一倍以上二倍以下的罚款。

103. 何谓虚假广告罪，如何处刑？

虚假广告罪是指《中华人民共和国刑法》第二百二十二条规定的罪名，即广告主、广告经营者、广告发布者违反国家规定，利用广告对商品或者服务作虚假宣传，情节严重的，处二年以下有期徒刑或者拘役，并处或者单处罚金。虚假广告行为不仅侵犯了国家对广告的正常管理秩序，而且也会侵犯公私财物所有权及公民的生命权、健康权。因此，对虚假广告行为构成犯罪的，必须依法予以严惩。

广告主、广告经营者和广告发布者是构成虚假广告罪的特殊主体。构成虚假广告罪在客观方面要求具有情节严重的情形，包括由于使用虚假广告使他人遭受严重损失，或者由于使用虚假广告给用户和消费者以误导，造成严重的社会影响等。如果行为人只实施了虚假广告的行为，但并未造成严重后果的，则不构成虚假广告罪。虚假广告罪在主观方面由故意构成，即广告主、广告经营者、广告发布者明知或应知广告多虚假广告，且虚假广告会给用户或消费者带来误导，而希望或放任这种结果的发生。过失不构成本罪。《刑法》规定，虚假广告“情节严重的，处二年以下有期徒刑或者拘役，并处或者单处罚金”。但是对于什么是“情节严重”并没有作具体的规定。根据《最高人民检察院公安部关于公安机关管辖的刑事案件立案追诉标准的规定（二）》的规定，广告主、广告经营者、广告发布者违反国家规定，利用广告对商品或者服务作虚假宣传，涉嫌下列情形之一的，应予立案追诉：违法所得数额在10万元以上的；给单个消费者造成直接经济损失数额在5万元以上的，或者给多个消费者造成直接经济损失数额累计在20万元以上的；假借预防、控制突发事件的名义，利用广告作虚假宣传，致使多人上当受骗，违法所得数额在3万元以上的；虽未达到上述数额标准，但两年内因利用广告作虚假宣传，受过行政处罚二次以上，又利用广告作虚假宣传的；造成人身伤残的；其他情节严重的情形。

104. 新《广告法》对虚假广告的民事法律责任是如何规定的？

新《广告法》第五十六条规定了虚假广告的民事责任。承担民事责任的主体包括广告主、广告经营者、广告发布者和广告代言人。

第一，广告主对虚假广告应承担的民事责任。虚假广告不仅扰乱了广告市场秩序，由于虚假广告的误导和欺骗，购买商品或者接受服务的消费者的合法权益也会受到损害。根据《中华人民共和国侵权责任法》的规定，“侵害民事权益，应当依照本法承担侵权责任。”民事权益包括生命权、健康权、姓名权、名誉权、荣誉权、肖像权、隐私权、婚姻自主权、监护权、所有权、用益物权、担保物权、著作权、专利权、商标专用权、发现权、股权、继承权等人身、财产权益。侵权责任是指民事主体因实施侵权行为而应承担的民事法律后果。承担侵权责任的方式主要有：停止侵害、排除妨碍、消除危险、返还财产、恢复原状、赔偿损失、赔礼道歉、消除影响、恢复名誉。这些承担侵权责任的方式，可以单独适用，也可以合并适用。新《广告法》规定，广告主应当对广告内容的真实性负责。《消费者权益保护法》第二十条也规定，“经营者向消费者提供有关商品或者服务的质量、性能、用途、有效期限等信息，应当真实、全面，不得作虚假或者引人误解的宣传。”虚假广告不仅侵犯了消费者享有的了解商品或服务的真实情况的权利，违背了作为经营者应当向消费者提供商品或服务的真实、全面信息的义务，而且还可能给消费者的财产、人身安全等合法权益带来实际损害。商品经营者或服务提供者作为广告主，是广告活动意向的发出者，对于广告中所宣传商品或者服务掌握完全信息，也是最了解商品或者服务真实性能、最有能力判断广告内容是否虚假的责任主体。在通常情况下，广告中所推销的商品或者提供的服务的基本信息是由广告主提供的，广告的内容最终也由广告主决定的。广告主对广告和其他宣传活动具有绝对的操纵权和决策权。任何商业广告活动都少不了广告主这一特定主体，这意味着广告主应当是虚假广告的第一责任人，既是民事侵权责任人，也是行政责任的第一责任人。因此，新《广告法》明确规定，“违反本法规定，发布虚假广告，欺骗、误导消费者，使购买商品或者接受服务的消费者的合法权益受到损害的，由广告主依法承担民事责任。”按照《侵权责任法》的规定，认定侵权责任时，从主观过错角度可以分为三种情况：一是行为人因过错侵害他人民事权益，应当承担侵权责任；二是根据法律规定推定行为人主观上有过错，行为人不能证明自己没有过错的，应当承担侵权责任；三是行为人损害他人民事权益，不论行为人有无过错，法律规定应当承担侵权责任的，依照其规定。广告主在虚假广告中应承担的民事责任属于第三种情况，即只要广告主违反《广告法》的规定，发布虚假广告，欺骗、误导消费者，使购买商品或者接受服务的消费者的合法权益受到损害，就应当依法承担民事责任，不需考虑广告主主观上有无过错。《侵权责任法》规定了多种承担民事侵权责任的方式，但是《消费者权益保护法》第四十五条规定，“消费者因经营者利用虚假广告或者其他虚假宣传方式提供商品或者服务，其合法权益受到损害的，可以向经营者要求赔偿。”因此，就虚假广告而言，广告主承担侵权责任的方式主要是赔偿损失。赔偿额原则上应当相当于购买商品或者接受服务的消费者所遭受的实际损失额。

第二，广告经营者与广告发布者的先行赔偿责任。广告虽然是由广告主发起的，但是广告要想为消费者所察知，通常都需要经广告经营者设计、制作、代理，并由广告发布者发布。也就是说，消费者更多的是通过广告经营者、广告发布者来接触广告，并受广告影响的。《广告法》第三十四条第一款规定：广告经营者、广告发布者应当按照国家有关规定，建立、健全广告业务的承接登记、审核、档案管理制度。广告经营者、广告发布者对广告主的名称、地址和有效联系方式等基本情况和信息是应该掌握的。受到虚假广告侵权的消费者在维权时，可以要求广告经营者、广告发布者提供广告主的真实名称、地址和有效联系方式。如果广告经营者、广告发布者不能提供广告主的真实名称、地址和有效联系方式的，那么消费者可以要求广告经营者、广告发布者先行赔偿。先行赔偿意味着，广告经营者、广告发布者在履行了赔偿责任后，可以向有责任的广告主进行追偿。

第三，广告经营者与广告发布者的连带责任。新《广告法》第三十四条第二款规定：广告经营者、广告发布者依据法律、行政法规查验有关证明文件，核对广告内容。对内容不符或者证明文件不全的广告，广告经营者不得提供设计、制作、代理服务，广告发布者不得发布。这是法律为广告经营者、广告发布者的规定的广告审查责任。广告经营者、广告发布者在提供设计、制作、发布服务时，要查验相关广告证明文件，审查其真实性、合法性、有效性；同时还要核对广告内容，确保其真实、合法，以健康的表现形式表达广告内容，符合社会主义精神文明建设和弘扬中华民族优秀传统文化的要求。在实践当中，由于资金、技术、人力等客观情况所限，一般都只要求广告经营者、广告发布者进行形式审查，即形式审核广告主的各类证明材料如营业执照以及其他生产、经营资格证明，产品生产许可证，卫生许可证，认证证书，质量检验合格证明等各类证明，专利证、商标注册证等权利证明。根据法律、行政法规的规定需要经过广告审查机关审批后才能发布的特殊商品和服务广告，广告行政审查机关负有进行实质性审查的责任，广告经营者、广告发布者应按照广告审查机关的广告批准文件来提供相关服务。如果广告经营者、广告发布者不履行法律规定的责任，明知是虚假广告仍设计、制作、发布，对受到损害的消费者而言，广告经营者、广告发布者就是共同侵权人侵权，应当与广告主一同承担侵权损害的民事责任。如果广告经营者、广告发布者疏于履行自己的责任，应当发现所接受委托的广告虚假而未发现，承担设计、制作、发布的，也应当与广告主一起承担由于他们的过失而给消费者造成损害的民事责任。广告所推销的商品或者服务对消费者生活的影响程度是不完全相同的，有些商品或者服务与消费者的生命健康有着密切关系，而有些商品或者服务与消费者生命健康的关系则较为间接，主要涉及生命健康以外的权利。对于不同商品或者服务的虚假广告，广告经营者、广告发布者承担连带在责任条件是不同的。《广告法》将虚假广告设计、制作、代理的广告经营者、发布者应承担的连带责任分为两种情况：一是关系消费者生命健康的商品或者服务的虚假广告，造成消费者损害的，其广告经营者、广告发布者应当与广告主承担连带责任。这里不需要考虑广告经营者、广告发布者的主观过错；二是前款规定以外的商品或者服务的虚假广告，造成消费者损害的，其广告经营者、广告发布者，明知或者应知广告虚假仍设计、制作、代理、发布或者作推荐、证明的，应当与广告主承担连带责任。这种情况需要将主观上“明知或者应知”作为承担责任的条件。

第四，广告代言人的连带责任。广告代言人是指广告主以外的，在广告中以自己的名义或者形象对商品、服务作推荐、证明的自然人、法人或者其他组织。广告代言人对其代言的虚假广告是否应该承担法律责任、承担何种法律责任，在这次修订期间存在着很大的争议。原《广告法》仅规定：“社会团体或者其他组织，在虚假广告中向消费者推荐商品或者服务，使消费者的合法权益受到损害的，应当依法承担连带责任。”但是没有涉及自然人个人代言虚假广告的法律责任问题。这使得实践中出现了许多代言虚假广告获得高额代言报酬却不需要承担法律责任的案件，给消费者带来极大的损失，也严重影响了广告秩序和广告行业的信誉。修订后，新《广告法》明确将自然人、法人和其他组织的广告代言行为纳入了调整范围。第三十八条规定，广告代言人在广告中对商品、服务作推荐、证明，应当依据事实，符合本法和有关法律、行政法规规定，并不得为其未使用过的商品或者未接受过的服务作推荐、证明。这表明，广告代言人对其所代言的商品或者服务广告，应当事先进行了解、审核和体验。对于内容虚假、不符合法律规定的广告不得代言。另外，根据权利义务对等的原则，《广告法》还明确了广告代言人代言虚假广告应承担的连带责任。根据不同的商品或服务广告，也将广告代言人应承担的连带责任分为两种情况：一是对代言关系消费者生命健康的商品或者服务的虚假广告，造成消费者损害的，广告代言人应当与广告主承担连带责任。这里不需要考虑广告代言人的主观上有无过错；二是代言其他商品或者服务的虚假广告，造成消费者损害的，广告代言人在“明知或者应知”的情况下，应当与广告主承担连带责任。

105. 违反《广告法》禁止性规定发布广告应承担什么行政责任？

所谓禁止性规定是指“当事人不得为一定行为的法律规定”，在《广告法》中禁止性规定是指禁止使用某些特殊符号、标志作为广告内容，以及对某些特殊商品或服务的广告作出全部或部分程度上的禁止，具体包括：第九条规定的不得使用国旗、国歌、国徽等一系列原则性禁止情形；第十条规定，广告不得损害未成年人和残疾人的身心健康；第十五条规定，特殊药品、药品类易制毒化学品、戒毒治疗药品、医疗器械和治疗方法等不得作广告；第二十条规定，禁止在大众传播媒介或者公共场所发布声称全部或者部分替代母乳的婴儿乳制品、饮料和其他食品广告；第二十二条规定，禁止在大众传播媒介或者公共场所、公共交通工具、户外发布烟草广告，禁止向未成年人发送任何形式的烟草广告，禁止利用其他商品或者服务的广告、公益广告宣传烟草制品名称、商标、包装、装潢以及类似内容，烟草制品生产者或者销售者发布的迁址、更名、招聘等启事中不得含有烟草制品名称、商标、包装、装潢以及类似内容；第三十七条规定，法律、行政法规规定禁止生产、销售的产品或者提供的服务，以及禁止发布广告的商品或者服务，任何单位或者个人不得设计、制作、代理、发布广告；第四十条第一款规定，禁止在针对未成年人的大众传播媒介上发布医疗、药品、保健食品、医疗器械、化妆品、酒类、美容广告，以及不利于未成年人身心健康的网络游戏广告。

根据新《广告法》第五十七条的规定，广告主违反上述禁止性规定的，由工商行政管理部门责令停止发布广告，对广告主处20万元以上100万元以下的罚款，情节严重的，并可以吊销营业执照，由广告审查机关撤销广告审查批准文件、一年内不受理其广告审查申请；广告经营者、广告发布者违反禁止性规定的，由工商行政管理部门没收广告费用，处20万元以上100万元以下的罚款，情节严重的，并可以吊销营业执照、吊销广告发布登记证件。

106. 违反《广告法》限制性规定发布广告应承担什么行政责任？

所谓限制性规定是指法律虽然允许当事人为一定行为，但对其行为作出一定程度的限制以进行规范。在《广告法》中体现为对于特殊商品或服务的广告，允许其发布广告但在内容上作出必要程度的限制，具体包括：

第十六条的规定。即医疗、药品、医疗器械广告不得含有下列内容：表示功效、安全性的断言或者保证；说明治愈率或者有效率；与其他药品、医疗器械的功效和安全性或者其他医疗机构比较；利用广告代言人作推荐、证明；法律、行政法规规定禁止的其他内容。药品广告的内容不得与国务院药品监督管理部门批准的说明书不一致，并应当显著标明禁忌、不良反应。处方药广告应当显著标明“本广告仅供医学药学专业人士阅读”，非处方药广告应当显著标明“请按药品说明书或者在药师指导下购买和使用”。推荐给个人自用的医疗器械的广告，应当显著标明“请仔细阅读产品说明书或者在医务人员的指导下购买和使用”。医疗器械产品注册证明文件中有禁忌内容、注意事项的，广告中应当显著标明“禁忌内容或者注意事项详见说明书”。

第十七条的规定。即除医疗、药品、医疗器械广告外，禁止其他任何广告涉及疾病治疗功能，并不得使用医疗用语或者易使推销的商品与药品、医疗器械相混淆的用语。

第十八条的规定。即保健食品广告不得含有下列内容：表示功效、安全性的断言或者保证；涉及疾病预防、治疗功能；声称或者暗示广告商品为保障健康所必需；与药品、其他保健食品进行比较；利用广告代言人作推荐、证明；法律、行政法规规定禁止的其他内容。保健食品广告应当显著标明“本品不能代替药物”。

第二十一条的规定。即农药、兽药、饲料和饲料添加剂广告不得含有下列内容：表示功效、安全性的断言或者保证；利用科研单位、学术机构、技术推广机构、行业协会或者专业人士、用户的名义或者形象作推荐、证明；说明有效率；违反安全使用规程的文字、语言或者画面；法律、行政法规规定禁止的其他内容。

第二十三条的规定。即酒类广告不得含有下列内容：诱导、怂恿饮酒或者宣传无节制饮酒；出现饮酒的动作；表现驾驶车、船、飞机等活动；明示或者暗示饮酒有消除紧张和焦虑、增加体力等功效。

第二十四条的规定。即教育、培训广告不得含有下列内容：对升学、通过考试、获得学位学历或者合格证书，或者对教育、培训的效果作出明示或者暗示的保证性承诺；明示或者暗示有相关考试机构或者其工作人员、考试命题人员参与教育、培训；利用科研单位、学术机构、教育机构、行业协会、专业人士、受益者的名义或者形象作推荐、证明。

第二十五条的规定。即招商等有投资回报预期的商品或者服务广告，应当对可能存在的风险以及风险责任承担有合理提示或者警示，并不得含有下列内容：

对未来效果、收益或者与其相关的情况作出保证性承诺，明示或者暗示保本、无风险或者保收益等，国家另有规定的除外；利用学术机构、行业协会、专业人士、受益者的名义或者形象作推荐、证明。

第二十六条的规定。即房地产广告，房源信息应当真实，面积应当表明为建筑面积或者套内建筑面积，并不得含有下列内容：升值或者投资回报的承诺；以项目到达某一具体参照物的所需时间表示项目位置；违反国家有关价格管理的规定；对规划或者建设中的交通、商业、文化教育设施以及其他市政条件作误导宣传。

第二十七条的规定。即农作物种子、林木种子、草种子、种畜禽、水产苗种和种养殖广告关于品种名称、生产性能、生长量或者产量、品质、抗性、特殊使用价值、经济价值、适宜种植或者养殖的范围和条件等方面的表述应当真实、清楚、明白，并不得含有下列内容：作科学上无法验证的断言；表示功效的断言或者保证；对经济效益进行分析、预测或者作保证性承诺；利用科研单位、学术机构、技术推广机构、行业协会或者专业人士、用户的名义或者形象作推荐、证明。

第三十八条第二款的规定。即不得利用不满十周岁的未成年人作为广告代言人。

第三十八条第三款的规定。即对在虚假广告中作推荐、证明受到行政处罚未满三年的自然人、法人或者其他组织，不得利用其作为广告代言人。

第三十九条的规定。即不得在中小学校、幼儿园内开展广告活动，不得利用中小学生和幼儿的教材、教辅材料、练习册、文具、教具、校服、校车等发布或者变相发布广告，但公益广告除外。

第四十条第二款的规定。即针对不满十四周岁的未成年人的商品或者服务的广告不得含有下列内容：劝诱其要求家长购买广告商品或者服务；可能引发其模仿不安全行为。

第四十六条的规定。即发布医疗、药品、医疗器械、农药、兽药和保健食品广告，以及法律、行政法规规定应当进行审查的其他广告，应当在发布前由有关部门（以下称广告审查机关）对广告内容进行审查；未经审查，不得发布。

根据新《广告法》第五十八条的规定，广告主违反限制性规定发布广告的，应当由工商行政管理部门责令停止发布广告，责令广告主在相应范围内消除影响，处广告费用一倍以上三倍以下的罚款，广告费用无法计算或者明显偏低的，处10万元以上20万元以下的罚款；情节严重的，处广告费用三倍以上五倍以下的罚款，广告费用无法计算或者明显偏低的，处20万元以上100万元以下的罚款，可以吊销营业执照，并由广告审查机关撤销广告审查批准文件、一年内不受理其广告审查申请。

医疗机构是特殊的广告主体，是发布医疗广告的广告主。医疗机构违反限制性规定，情节严重的，除由工商行政管理部门依照本法处罚外，卫生行政部门可以吊销诊疗科目或者吊销医疗机构执业许可证。

广告经营者、广告发布者明知或者应知违法仍设计、制作、代理、发布的，由工商行政管理部门没收广告费用，并处广告费用一倍以上三倍以下的罚款，广告费用无法计算或者明显偏低的，处10万元以上20万元以下的罚款；情节严重的，处广告费用三倍以上五倍以下的罚款，广告费用无法计算或者明显偏低的，处20万元以上100万元以下的罚款，并可以由有关部门暂停广告发布业务、吊销营业执照、吊销广告发布登记证件。

107. 新《广告法》对违反一般广告准则的行政责任是如何规定的？

根据广告准则作用的范围以及重要性的不同，广告准则可以分为一般广告准则和专门广告准则。一般广告准则是一切广告所必须遵守的最根本的准则，它适用于所有的广告，贯穿广告活动的始终。专门广告准则表现为针对特殊商品或服务广告的禁止性规定和限制性规定。

一般广告准则包括：第八条的规定，即广告中对商品的性能、功能、产地、用途、质量、成分、价格、生产者、有效期限、允诺等或者对服务的内容、提供者、形式、质量、价格、允诺等有表示的，应当准确、清楚、明白。广告中表明推销的商品或者服务附带赠送的，应当明示所附带赠送商品或者服务的品种、规格、数量、期限和方式。法律、行政法规规定广告中应当明示的内容，应当显著、清晰表示。第十一条的规定，即广告使用数据、统计资料、调查结果、文摘、引用语等引证内容的，应当真实、准确，并表明出处。引证内容有适用范围和有效期限的，应当明确表示。第十二条的规定，即广告中涉及专利产品或者专利方法的，应当标明专利号和专利种类。未取得专利权的，不得在广告中谎称取得专利权。禁止使用未授予专利权的专利申请和已经终止、撤销、无效的专利作广告。第十三条的规定，即广告不得贬低其他生产经营者的商品或者服务。

根据新《广告法》第五十九条的规定，广告主违反上述一般广告准则的，由工商行政管理部门责令停止发布广告，对广告主处10万元以下的罚款。广告经营者明知广告违反了一般准则，仍设计、制作、代理、发布的，由工商行政管理部门处10万元以下的罚款。

广告发布者明知广告违反了一般广告准则，仍设计、制作、代理、发布的，由工商行政管理部门处十万元以下的罚款。另外，新《广告法》第十四条规定，“广告应当具有可识别性，能够使消费者辨明其为广告。”第十九条规定，“广播电台、电视台、报刊音像出版单位、互联网信息服务提供者不得以介绍健康、养生知识等形式变相发布医疗、药品、医疗器械、保健食品广告。”广告违反第十四条的前述规定，或者违反第十九条的前述规定的，由工商行政管理部门责令改正，对广告发布者处十万元以下的罚款。

108. 针对未成年人的广告涉及哪些法律责任？

根据我国《未成年人保护法》，未成年人指未满 18 岁的青少年和儿童。未成年人与广告的关系分为两种：一是未成年人是广告信息的接受者；二是未成年人是广告制作的参与者、代言人。新《广告法》针对这两种关系分别强调和明确了保护未成年人的规定。其主旨和体现主要包括：禁止广告利用未成年人的身心特点和判断能力欺骗未成年人；尊重未成年人的人格尊严；广告内容必须有利于未成年人的身心健康。新《广告法》规定：不得利用不满十周岁的未成年人作为广告代言人；不得在中小学校、幼儿园内开展广告活动，不得利用中小学生和幼儿的教材、教辅材料、练习册、文具、教具、校服、校车等发布或者变相发布广告（公益广告除外）；针对不满十四周岁的未成年人的商品或者服务的广告不得含有劝诱其要求家长购买广告商品或者服务、可能引发其模仿不安全行为的内容。广告主违反前述规定时，应当由工商行政管理部门责令停止发布广告，责令广告主在相应范围内消除影响，处广告费用一倍以上三倍以下的罚款，广告费用无法计算或者明显偏低的，处 10 万元以上 20 万元以下的罚款；情节严重的，处广告费用三倍以上五倍以下的罚款，广告费用无法计算或者明显偏低的，处 10 万元以上 100 万元以下的罚款，可以吊销营业执照，并由广告审查机关撤销广告审查批准文件、一年内不受理其广告审查申请。广告经营者、广告发布者明知或者应知违反前述规定时仍设计、制作、代理、发布的，由工商行政管理部门没收广告费用，并处广告费用一倍以上三倍以下的罚款，广告费用无法计算或者明显偏低的，处 10 万元以上 20 万元以下的罚款；情节严重的，处广告费用三倍以上五倍以下的罚款，广告费用无法计算或者明显偏低的，处 20 万元以上 100 万元以下的罚款，并可以由有关部门暂停广告发布业务、吊销营业执照、吊销广告发布登记证件。

新《广告法》第四十条第一款规定，在针对未成年人的大众传播媒介上不得发布医疗、药品、保健食品、医疗器械、化妆品、酒类、美容广告，以及不利于未成年人身心健康的网络游戏广告。广告主违反此规定的，由工商行政管理部门责令停止发布广告，对广告主处 20 万元以上 100 万元以下的罚款，情节严重的，并可以吊销营业执照，由广告审查机关撤销广告审查批准文件、一年内不受理其广告审查申请；广告经营者、广告发布者违反此规定的，由工商行政管理部门没收广告费用，处 20 万元以上 100 万元以下的罚款，情节严重的，并可以吊销营业执照，吊销广告发布登记证件。

109. 未依法办理广告发布登记应承担什么法律责任?

广告发布者是指为广告主或者广告主委托的广告经营者发布广告的自然人、法人或者其他组织。常见的广告发布者包括但不限于广播电台、电视台、报刊出版单位等大众传播媒介。大众传播媒介的表现形式主要包括印刷类和电子类，其传播信息具有速度快、范围广、影响大等特点。

新《广告法》进一步明确了对大众传播媒介广告发布行为的规范，明确规定：广播电台、电视台、报刊出版单位从事广告发布业务的，应当设有专门从事广告业务的机构，配备必要的人员，具有与发布广告相适应的场所、设备，并向县级以上地方工商行政管理部门办理广告发布登记。

第六十条对未办理广告发布登记的法律责任作出规定：未办理广告发布登记的即擅自从事广告发布业务的，属于违法发布广告行为，由广告发布者承担行政法律责任，具体为由工商行政管理部门责令改正，没收违法所得。并根据违法所得是否超过 1 万元的标准来决定罚款。违法所得 1 万元以上的，并处违法所得一倍以上三倍以下的罚款；违法所得不足 1 万元的，并处 5000 元以上 3 万元以下的罚款。

110. 未依法建立健全广告业务管理制度应承担什么法律责任?

新《广告法》第三十四条规定：广告经营者、广告发布者应当按照国家有关规定，建立、健全广告业务的承接登记、审核、档案管理制度。据此，广告经营者和广告发布者在从事广告业务过程中需要建立一套完善的业务管理制度，包括但不限于广告业务的承接登记、运作、审核、归档管理等一系列制度。建立、健全广告业务管理制度既有利于广告经营者与广告发布者提高自身业务水平和经营管理；有助于行政机关的执法和消费者的维权；从长远而言亦有助于对广告活动整体行业的规范管理，促进广告行业的进一步发展。第六十一条规定：广告经营者、广告发布者如果未按照国家有关规定建立、健全广告业务管理制度的，或者未对广告内容进行核对的，应承担相应的行政法律责任，即由工商行政管理部门责令改正，可以处五万元以下的罚款。

111. 以虚假材料或不正当手段申请广告审查应承担什么法律责任？

根据《广告法》第四十六条的规定，发布医疗、药品、医疗器械、农药、兽药和保健食品广告，以及法律、行政法规规定应当进行审查的其他广告，应当在发布前由广告审查机关对广告内容进行审查；未经审查，不得发布。第四十七条的规定，广告审查由广告主提出申请，并依照法律、行政法规向广告审查机关提交有关证明文件。广告审查机关应当依照法律、行政法规的规定作出审查决定，并将审查批准文件抄送同级工商行政管理部门。

据此，医疗、药品、医疗器械、农药、兽药和保健食品六类特殊广告实行审查制度，广告主在提交申请时应提供真实的证明文件。如果申请人在申请广告审查时故意隐瞒真实情况、提供虚假材料应当承担法律责任。

另外，除了申请材料虚假外，广告主以其他不正当方式如欺骗、贿赂等取得广告审查批准的，亦应承担相应的法律责任。“欺骗”是指申请人在申请广告审查时隐瞒了真实情况或者提供了虚假材料，广告审查机关未发现其欺骗行为而批准其广告申请。“贿赂”则指广告主为谋取不正当利益，向广告审查机关派送财物、利益等，广告审查机关因收取财物而批准了不符合条件的广告审查申请。

根据《广告法》第六十五条的规定，广告主违反上述规定应承担的法律责任为：隐瞒真实情况或者提供虚假材料申请广告审查的，广告审查机关不予受理或者不予批准，予以警告，一年内不受理该申请人的广告审查申请；以欺骗、贿赂等不正当手段取得广告审查批准的，广告审查机关予以撤销，处10万元以上20万元以下的罚款，三年内不受理该申请人的广告审查申请。

需要说明的是，不予受理、不予批准、予以撤销分别适用于不用的情形。不予受理是指申请人违反上述规定，广告审查机关在受理前即发现的，则广告审查机关对该广告审查的申请应当不予受理。不予批准是指广告审查机关在受理之前没有发现而是在审查过程中才发现申请人违反上述规定，此时广告审查机关应当对该申请不予批准。予以撤销是指申请人已经获得审查批准后，广告审查机关才发现其违法行为，据此应当依法撤销原批准。

根据《广告法》第七十二条的规定，广告审查机关对违法的广告内容作出审查批准决定的，对负有责任的主管人员和直接责任人员，由任免机关或者监察机关依法给予处分；构成犯罪的，依法追究刑事责任。其中处分是指内部行政行为的行政处分，由行政主体基于行政隶属关系依法作出，即国家机关对所属国家工作人员的违法失职行为给予一种惩戒，包括警告、记过、记大过、降级、降职、撤职、开除等。

112. 违法使用广告批准文件应承担什么法律责任?

根据《广告法》第四十六条、第四十七条的规定，广告主应对发布医疗、药品、医疗器械、农药、兽药和保健食品广告向广告审查机关申请审查，未经审查的广告不得发布。根据第四十八条的规定，任何单位或者个人不得伪造、变造或者转让广告审查批准文件。

伪造是指不经过广告申请而直接捏造仿制广告审查批准文件的行为。变造是对已有的审查批准文件进行改造改变其内容的行为。转让是指依法获得关审查批准的广告主擅自将批准让与给其他主体的行为。伪造和变造广告批准文件属于造假行为，其主观恶性和危害影响自不待言，应当予以惩处；由于广告审查批准文件是针对特定主体的特定申请所作出的一项行政许可，只能适用于批准的事项，因而转让行为无效。

根据《广告法》第六十六条的规定，伪造、变造或者转让广告审查批准文件将承担行政法律责任，由工商行政管理部门没收违法所得，并处1万元以上10万元以下的罚款。

值得注意的是，公文一般是指国家机关制作的，用以联系事务、指导工作、处理问题的书面文件，如命令、指示、决定、通知、函电等。由于广告审查机关属于国家机关，代表国家对广告审查申请行使行政审查的权力，因而广告审查机关作出的广告审查批准文件属于国家机关的公文。根据我国《刑法》第二百八十条第一款规定，“伪造、变造、买卖或者盗窃、抢夺、毁灭国家机关的公文、证件、印章的，处三年以下有期徒刑、拘役、管制或者剥夺政治权利；情节严重的，处三年以上十年以下有期徒刑。”如果伪造、变造广告审查批准文件的违法行为非常严重，则构成伪造、变造、买卖国家机关公文、证件、印章罪，将承担相应的刑事法律责任。

113. 《广告法》对哪些侵权行为作出了规定？

侵权行为是民事主体违反民事义务，侵害他人合法权益，依法应当承担民事责任的行为。侵权责任是指民事主体因实施侵权行为而应承担的民事法律后果。根据《中华人民共和国侵权责任法》第十五条的规定，承担侵权责任的方式主要包括停止侵害、排除妨碍、消除危险、返还财产、恢复原状、赔偿损失、赔礼道歉、消除影响、恢复名誉。

违法广告行为不但损害社会公共秩序，亦有可能损害特定民事主体的合法权益。《广告法》针对广告内容、广告行为制定了一系列一般准则和具体规定，违反这些规定造成他人合法民事权益受损时，应由违法广告的侵权行为人在承担相应行政责任、刑事责任的同时，承担对受损特定主体的民事责任。

《广告法》第十条规定，广告不得损害未成年人和残疾人的身心健康。第十二条第一款规定，广告中涉及专利产品或者专利方法的，应当标明专利号和专利种类。第十三条规定，广告不得贬低其他生产经营者的商品或者服务。第三十三条第一款规定，广告主或者广告经营者在广告中使用他人名义或者形象的，应当事先取得其书面同意；使用无民事行为能力人、限制民事行为能力人的名义或者形象的，应当事先取得其监护人的书面同意等等。根据《广告法》第六十九条规定，违反前述规定，实施侵权行为以及其他侵犯他人合法民事权益时，应由广告主、广告经营者、广告发布者依法承担民事责任。需要注意的是，第六十九条规定的"依法承担民事责任"中"依法"并不限于《广告法》，还包括《侵权责任法》、《合同法》、《产品质量法》、《消费者权益保护法》、《环境保护法》、《食品安全法》等相关法律、行政法规的规定。举例说明：王某将其创作的《七律·关中八景》在网站上以"常谈老生"为署名陆续发表，该作品由八首诗组成，即华岳仙掌、雁塔晨钟、骊山晚照、曲江流饮、灞柳风雪、太白积雪、草堂烟雾、咸阳古渡。某广告公司从网站上下载了其作品并用于制作"国际购物广场"的广告进行发布。其广告内容的诗、画及解说词与原告发表在网上的《七律·关中八景》完全相同。广告公司未经著作权人王某的同意，直接从网上下载作品并作为"国际购物广场"的设计元素以商业广告的形式发布，构成直接侵权，应当根据《著作权法》和《广告法》的相关规定承担法律责任。

114. 对违法广告负有个人责任的企业法定代表人应承担什么法律责任？

根据《公司法》第一百四十六条的规定，担任因违法被吊销营业执照、责令关闭的公司、企业的法定代表人，并负有个人责任的，自该公司、企业被吊销营业执照之日起未逾三年不得再行担任公司的董事、监事、高级管理人员。《广告法》第七十条即是对《公司法》规定的遵守，即因发布虚假广告，或者有其他本法规定的违法行为，被吊销营业执照的公司、企业的法定代表人，对违法行为负有个人责任的，自该公司、企业被吊销营业执照之日起三年内不得担任公司、企业的董事、监事、高级管理人员。

《公司法》与《广告法》对公司的董事、监事、高级管理人员作出如此的资格规定是基于合规惩戒的考量。公司董事、监事、高级管理人员属于公司的管理层，决策公司的战略规划和日常经营并对此全面负责。公司在管理运营或在广告行为上出现违法违规操作时，管理层毋庸置疑负有责无旁贷的责任。而大多数情况下，违法违规行为的发生是由于管理层缺乏守法意识和合规意识，为谋取不正当利益铤而走险，无视法律法规的明确规定作出错误决策。因而，应当对上述公司的董事、监事、高级管理人员进行惩戒，具体而言，暂停负有个人责任的管理层在一定期间内继续从事管理层的权限，强制其经过一段时间的沉淀与反省，在增强法律观念、培养守法意识后再担任公司领导职务。

115. 广告行政相对人应履行哪些协助义务？

行政相对人是指行政管理法律关系中与行政主体相对应的另一方当事人，即行政主体的行政行为影响其权益的个人或组织。根据新《广告法》第六条的规定，工商行政管理部门作为行政主体，主管广告监督管理工作，其在执法过程中的行政相对人包括广告主、广告经营者、广告发布者及其他相关主体，行政相对人应支持、配合工商行政管理部门合法的广告监管工作。根据新《广告法》规定，工商行政管理部门依照《广告法》规定行使职权时，当事人应当协助、配合，不得拒绝、阻挠。在工商行政管理部门执法过程中，如果广告主、广告经营者、广告发布者等相关当事人不配合执法行为，或者恶意拒绝、阻挠正常的执法行为，或者有其他构成违反治安管理行为的，应依法给予治安管理处罚；构成犯罪的，依法追究刑事责任。

其中违反治安管理行为，是指扰乱公共秩序，妨害公共安全，侵犯人身权利、财产权利，妨害社会管理，但尚不够刑事处罚，由公安机关依照《治安管理处罚法》给予治安管理处罚的行为。治安管理处罚的种类分为：警告；罚款；行政拘留；吊销公安机关发放的许可证。对违反治安管理的外国人，可以附加适用限期出境或者驱逐出境。根据《治安管理处罚法》第五十条的规定，对"阻碍国家机关工作人员依法执行职务的"行为，处警告或者二百元以下罚款；情节严重的，处五日以上十日以下拘留，可以并处五百元以下罚款。在广告监管中，拒绝、阻挠工商行政管理部门监督检查的行为或其他违反治安管理行为，情节严重的，可能构成妨害公务罪，要受到刑事处罚。

如果当事人情节严重构成犯罪的，将依法追究刑事责任，根据《刑法》的规定："以暴力、威胁方法阻碍国家机关工作人员依法执行职务的，处三年以下有期徒刑、拘役、管制或者罚金。"比如杭州市江干区某镇政府联合卫生、城管、工商等部门对某村进行非法游医整治活动，在拆除广告箱、广告贴纸等违法宣传广告时遇到村民王某阻挠。杭州市公安局江干区分局某派出所民警接到指示后前往现场维护秩序时，王某以掌掴方式阻止民警和联合执法人员执行公务。浙江省杭州市江干区人民法院依法判决王某犯妨害公务罪，判处拘役三个月。

116. 工商行政管理部门不依法履行监管职责应承担什么法律责任？

根据《广告法》的规定，工商行政管理部门应当履行广告监督管理职责，建立健全广告监测制度，完善监测措施，及时发现和依法查处违法广告行为。工商行政管理部门对在履行广告监测职责中发现的违法广告行为或者对经投诉、举报的违法广告行为，不依法予以查处的，对负有责任的主管人员和直接责任人员，依法给予处分。工商行政管理部门和负责广告管理相关工作的有关部门的工作人员玩忽职守、滥用职权、徇私舞弊的，依法给予处分。

如果构成犯罪将依法追究刑事责任。所谓"构成犯罪的，依法追究刑事责任"，是指依照《刑法》规定玩忽职守罪追究刑事责任，即国家机关工作人员滥用职权或者玩忽职守，致使公共财产、国家和人民利益遭受重大损失的，处三年以下有期徒刑或者拘役；情节特别严重的，处三年以上七年以下有期徒刑。比如杨某是某市工商行政管理局商标广告监督管理科科长，张某是科里分管负责该项工作的工作人员。市广播电视台播放了未审查备案也未经审查批准的降脂王、百灵抗、康乐意胶囊和二十五味养元丹等药品广告。杨某和张某在明知这些广告违法的情况下，既未按规定查处，也未按规定对市广播电视台进行处罚。市西桥区人民检察院据此对杨某和张某提起公诉，法院判决杨某和张某构成玩忽职守罪。本案例中，杨某、张某在广告监督管理过程中作为主管人员和直接负责人员，不能正确履行自己的工作职责，玩忽职守，依法应当承担相应的法律责任。

117. 广告审查机关违法应承担什么法律责任？

在广告发布前对广告的内容依照法律、行政法规的规定进行审核的活动，称为广告审查。根据《广告法》的规定，发布药品、医疗器械、农药、兽药、保健食品和医疗广告，以及法律、行政法规规定应当进行审查的其他广告，应当在发布前由广告审查机关对广告内容进行审查。广告审查机关应当依法对广告主提出的审查申请和提交的证明文件进行审查，并作出审查决定。广告审查是一项具体行政行为，该行政行为实际上是由广告审查机关的工作人员具体承担和落实的。工作人员在执行审查的职务时应当本着对人民的生命财产安全负责的精神，秉公执法，恪尽职守，严格把关，防止违法广告的出现。这也是国家机关的工作人员应当具备的敬业精神。如果广告审查机关的工作人员不能恪尽职守，对违法的广告内容作出审查批准决定，则应当承担相应的法律责任。

广告审查机关并不是指一个专门行使广告审查权的机关，而是与法律、行政法规规定的需要进行广告审查的商品或服务“有关的部门”，通常是对这些特殊商品或服务实施行政管理的主管部门，比如负责药品、食品卫生管理的卫生行政主管部门，负责医疗、医疗器械管理的医药行政管理部门，负责农药、兽药管理的农业行政主管部门等。这些审查机关应当依据法律、行政法规的规定开展广告审查，重点审查广告内容是否符合相关法律、行政法规的规定。通常情况下，最终签发批准文件的是主管人员，具体操作的是直接责任人员，包括所有参与该项批准文件涉及的广告内容审查工作的人员。这些人员应当承担的责任是“依法给予处分”。行政处分是指国家机关、企事业单位对所属的国家工作人员违法失职行为尚不构成犯罪，依据法律、法规所规定的权限而给予的一种惩戒。行政处分的种类包括：警告、记过、记大过、降级、降职、撤职、开除等。行政处分属于内部行政行为，由行政主体基于行政隶属关系依法作出。

决定行政处分的机关是由任免机关或者监察机关。行政监察部门是负责对行政机关监察的部门。如果主管人员和直接责任人员的行为已构成犯罪，则应依法承担刑事责任。

118. 新《广告法》对互联网广告的法律责任是如何规定的?

随着计算机技术、通信技术和高密度存储技术和数字化技术的迅速发展,信息的存储、传播和应用方式发生了很大的变化。电子信息从根本上打破了长期以来由纸质载体储存和传播信息的局面,并在各个领域里得到广泛应用。电子信息的出现改变广告的发布方式,以电子信息技术、电子媒体通过移动电话、电子邮箱等来传达广告信息成为了一种新的广告形式。但是过度泛滥的电子广告信息也扰乱了人们的正常的生活。未得到用户允许的手机短信、恶意邮件等“垃圾广告”使得每个电子终端用户都苦不堪言。原《广告法》由于历史的局限性,只限于对广播、电影、电视、报纸、期刊等传统媒体广告予以规范,对互联网等新兴媒体则没有涉及。随着互联网的快速发展,互联网已经成为广告发布的重要媒介。但是在实践中,网络广告违法、影响用户使用正常网络等问题越来越突出,甚至出现了无法关闭的恶意弹窗等广告形式,强迫用户浏览观看,严重影响了用户对网络的正常使用,侵犯用户合法权益。

对于广告主而言,利用互联网发布、发送广告,不得影响用户正常使用网络。在互联网页面以弹出等形式发布的广告,应当显著标明关闭标志,确保一键关闭。这里的“一键关闭”指的是“一键终极关闭”,虚假关闭、关闭后反复弹出或者名为“关闭标志”实为“链接标志”等,都属于违法情形。违反规定的,也应由广告主承担行政责任,由工商行政管理部门责令改正,对广告主处5000元以上3万元以下的罚款。

互联网信息服务是指通过互联网向上网用户提供信息的服务活动。实践中,互联网经常被不法广告主、广告经营者或广告发布者利用来发布或发送违法广告。对于互联网信息服务提供者而言,作为互联网平台运营商和服务提供商,是有能力掌控和维持这些场所、信息传输或发布平台正常运行和经营秩序的主体,他们负有维持和保证这些场所、信息传输或发布平台处于被合法使用或利用状态的义务。因此,他们对明知或者应知的利用这些场所、信息传输或发布平台发送、发布违法广告的活动应当予以制止。当互联网信息服务提供者,明知或者应知利用其场所或者信息传输、发布平台发送、发布的广告活动违法,而不予制止的,应当由工商行政管理部门没收违法所得,违法所得五万元以上的,并处违法所得一倍以上三倍以下的罚款,违法所得不足5万元的,并处1万元以上5万元以下的罚款;情节严重的,由有关部门依法停止相关业务。这里的“相关业务”不是指“发布、发送广告的业务”,而是互联网服务业务。

119. 新《广告法》对公益广告作了哪些规定？

公益广告是指政府、社团、媒体、企业及广告公司等主体单独或者合作实施的，为促进社会公益，提高全民素质，宣扬社会主义核心价值观，具有导向性的非营利性的广告活动。公益广告以公共利益为基点，针对社会生活中的问题和矛盾，借助广告的形式提请公众注意进行正确的价值抉择，促成道德追求和社会氛围的提高和改善，以其特殊的方式发挥着传播、教育和导向的社会功能。经过近30年的发展，我国公益广告已经进入了稳定发展阶段，但是无论发展程度、运行机制还是制度规范都与公益广告发达国家相去甚远。从现存公益广告法律制度来看，仅有相关部门联合发布的几个规范性文件和个别地方政府颁布的地方政府规章在履行监管依据的职责，不管是效力层级还是规范内容都有待提升和完善。

原《广告法》的适用范围仅限于商业广告活动，这次修订时，呼吁将公益广告纳入本法调整范围的呼声很高，最后将公益广告的内容作为"附则"中在本条中加以规定，即"国家鼓励、支持开展公益广告宣传活动，传播社会主义核心价值观，倡导文明风尚。大众传播媒介有义务发布公益广告。广播电台、电视台、报刊出版单位应当按照规定的版面、时段、时长发布公益广告。公益广告的管理办法，由国务院工商行政管理部门会同有关部门制定。"一方面，表明了国家"鼓励、支持开展公益广告宣传活动"的态度；另一方面，将发布公益广告明确规定为大众传播媒介的一项法定义务。要求广播电台、电视台、报刊出版单位应当按照规定的版面、时段、时长发布公益广告。考虑到公益广告行为规范与商业广告行为规范之间存在着较大的差异，新《广告法》没有直接对公益广告进行具体规定，而是授权由国务院工商行政管理部门会同有关部门通过制定专门的公益广告管理办法来规范公益广告活动。

附录 1:

《中华人民共和国广告法》

（1994 年 10 月 27 日第八届全国人民代表大会常务委员会第十次会议通过
2015 年 4 月 24 日第十二届全国人民代表大会常务委员会第十四次会议修订）

目 录

第一章 总 则

第一条 为了规范广告活动，保护消费者的合法权益，促进广告业的健康发展，维护社会经济秩序，制定本法。

第二条 在中华人民共和国境内，商品经营者或者服务提供者通过一定媒介和形式直接或者间接地介绍自己所推销的商品或者服务的商业广告活动，适用本法。

本法所称广告主，是指为推销商品或者服务，自行或者委托他人设计、制作、发布广告的自然人、法人或者其他组织。

本法所称广告经营者，是指接受委托提供广告设计、制作、代理服务的自然人、法人或者其他组织。

本法所称广告发布者，是指为广告主或者广告主委托的广告经营者发布广告的自然人、法人或者其他组织。

本法所称广告代言人，是指广告主以外的，在广告中以自己的名义或者形象对商品、服务作推荐、证明的自然人、法人或者其他组织。

第三条 广告应当真实、合法，以健康的表现形式表达广告内容，符合社会主义精神文明建设和弘扬中华民族优秀传统文化的要求。

第四条 广告不得含有虚假或者引人误解的内容，不得欺骗、误导消费者。

广告主应当对广告内容的真实性负责。

第五条 广告主、广告经营者、广告发布者从事广告活动，应当遵守法律、法规，诚实信用，公平竞争。

第六条 国务院工商行政管理部门主管全国的广告监督管理工作，国务院有关部门在各自的职责范围内负责广告管理相关工作。

县级以上地方工商行政管理部门主管本行政区域的广告监督管理工作，县级以上地方人民政府有关部门在各自的职责范围内负责广告管理相关工作。

第七条 广告行业组织依照法律、法规和章程的规定，制定行业规范，加强行业自律，促进行业发展，引导会员依法从事广告活动，推动广告行业诚信建设。

第二章 广告内容准则

第八条 广告中对商品的性能、功能、产地、用途、质量、成分、价格、生产者、有效期限、允诺等或者对服务的内容、提供者、形式、质量、价格、允诺等有表示的，应当准确、清楚、明白。

广告中表明推销的商品或者服务附带赠送的，应当明示所附带赠送商品或者服务的品种、规格、数量、期限和方式。

法律、行政法规规定广告中应当明示的内容，应当显著、清晰表示。

第九条 广告不得有下列情形：

（一）使用或者变相使用中华人民共和国的国旗、国歌、国徽，军旗、军歌、军徽；

（二）使用或者变相使用国家机关、国家机关工作人员的名义或者形象；

（三）使用“国家级”、“最高级”、“最佳”等用语；

（四）损害国家的尊严或者利益，泄露国家秘密；

（五）妨碍社会安定，损害社会公共利益；

（六）危害人身、财产安全，泄露个人隐私；

（七）妨碍社会公共秩序或者违背社会良好风尚；

（八）含有淫秽、色情、赌博、迷信、恐怖、暴力的内容；

（九）含有民族、种族、宗教、性别歧视的内容；

（十）妨碍环境、自然资源或者文化遗产保护；

（十一）法律、行政法规规定禁止的其他情形。

第十条 广告不得损害未成年人和残疾人的身心健康。

第十一条 广告内容涉及的事项需要取得行政许可的，应当与许可的内容相符合。

广告使用数据、统计资料、调查结果、文摘、引用语等引证内容的，应当真实、准确，并表明出处。引证内容有适用范围和有效期限的，应当明确表示。

第十二条 广告中涉及专利产品或者专利方法的，应当标明专利号和专利种类。

未取得专利权的，不得在广告中谎称取得专利权。

禁止使用未授予专利权的专利申请和已经终止、撤销、无效的专利作广告。

第十三条 广告不得贬低其他生产经营者的商品或者服务。

第十四条 广告应当具有可识别性，能够使消费者辨明其为广告。

大众传播媒介不得以新闻报道形式变相发布广告。通过大众传播媒介发布的广告应当显著标明"广告"，与其他非广告信息相区别，不得使消费者产生误解。

广播电台、电视台发布广告，应当遵守国务院有关部门关于时长、方式的规定，并应当对广告时长作出明显提示。

第十五条 麻醉药品、精神药品、医疗用毒性药品、放射性药品等特殊药品，药品类易制毒化学品，以及戒毒治疗的药品、医疗器械和治疗方法，不得作广告。

前款规定以外的处方药，只能在国务院卫生行政部门和国务院药品监督管理部门共同指定的医学、药学专业刊物上作广告。

第十六条 医疗、药品、医疗器械广告不得含有下列内容：

（一）表示功效、安全性的断言或者保证；

（二）说明治愈率或者有效率；

（三）与其他药品、医疗器械的功效和安全性或者其他医疗机构比较；

（四）利用广告代言人作推荐、证明；

（五）法律、行政法规规定禁止的其他内容。

药品广告的内容不得与国务院药品监督管理部门批准的说明书不一致，并应当显著标明禁忌、不良反应。处方药广告应当显著标明"本广告仅供医学药学专业人士阅读"，非处方药广告应当显著标明"请按药品说明书或者在药师指导下购买和使用"。

推荐给个人自用的医疗器械的广告，应当显著标明"请仔细阅读产品说明书或者在医务人员的指导下购买和使用"。医疗器械产品注册证明文件中有禁忌内容、注意事项的，广告中应当显著标明"禁忌内容或者注意事项详见说明书"。

第十七条 除医疗、药品、医疗器械广告外，禁止其他任何广告涉及疾病治疗功能，并不得使用医疗用语或者易使推销的商品与药品、医疗器械相混淆的用语。

第十八条 保健食品广告不得含有下列内容：

（一）表示功效、安全性的断言或者保证；

（二）涉及疾病预防、治疗功能；

（三）声称或者暗示广告商品为保障健康所必需；

（四）与药品、其他保健食品进行比较；

（五）利用广告代言人作推荐、证明；

（六）法律、行政法规规定禁止的其他内容。

保健食品广告应当显著标明“本品不能代替药物”。

第十九条 广播电台、电视台、报刊音像出版单位、互联网信息服务提供者不得以介绍健康、养生知识等形式变相发布医疗、药品、医疗器械、保健食品广告。

第二十条 禁止在大众传播媒介或者公共场所发布声称全部或者部分替代母乳的婴儿乳制品、饮料和其他食品广告。

第二十一条 农药、兽药、饲料和饲料添加剂广告不得含有下列内容：

（一）表示功效、安全性的断言或者保证；

（二）利用科研单位、学术机构、技术推广机构、行业协会或者专业人士、用户的名义或者形象作推荐、证明；

（三）说明有效率；

（四）违反安全使用规程的文字、语言或者画面；

（五）法律、行政法规规定禁止的其他内容。

第二十二条 禁止在大众传播媒介或者公共场所、公共交通工具、户外发布烟草广告。禁止向未成年人发送任何形式的烟草广告。

禁止利用其他商品或者服务的广告、公益广告，宣传烟草制品名称、商标、包装、装潢以及类似内容。

烟草制品生产者或者销售者发布的迁址、更名、招聘等启事中，不得含有烟草制品名称、商标、包装、装潢以及类似内容。

第二十三条 酒类广告不得含有下列内容：

（一）诱导、怂恿饮酒或者宣传无节制饮酒；

（二）出现饮酒的动作；

（三）表现驾驶车、船、飞机等活动；

（四）明示或者暗示饮酒有消除紧张和焦虑、增加体力等功效。

第二十四条 教育、培训广告不得含有下列内容：

（一）对升学、通过考试、获得学位学历或者合格证书，或者对教育、培训的效果作出明示或者暗示的保证性承诺；

（二）明示或者暗示有相关考试机构或者其工作人员、考试命题人员参与教育、培训；

（三）利用科研单位、学术机构、教育机构、行业协会、专业人士、受益者的名义或者形象作推荐、证明。

第二十五条 招商等有投资回报预期的商品或者服务广告，应当对可能存在的风险以及风险责任承担有合理提示或者警示，并不得含有下列内容：

（一）对未来效果、收益或者与其相关的情况作出保证性承诺，明示或者暗示保本、无风险或者保收益等，国家另有规定的除外；

（二）利用学术机构、行业协会、专业人士、受益者的名义或者形象作推荐、证明。

第二十六条 房地产广告，房源信息应当真实，面积应当表明为建筑面积或者套内建筑面积，并不得含有下列内容：

（一）升值或者投资回报的承诺；

（二）以项目到达某一具体参照物的所需时间表示项目位置；

（三）违反国家有关价格管理的规定；

（四）对规划或者建设中的交通、商业、文化教育设施以及其他市政条件作误导宣传。

第二十七条 农作物种子、林木种子、草种子、种畜禽、水产苗种和种养殖广告关于品种名称、生产性能、生长量或者产量、品质、抗性、特殊使用价值、经济价值、适宜种植或者养殖的范围和条件等方面的表述应当真实、清楚、明白，并不得含有下列内容：

（一）作科学上无法验证的断言；

（二）表示功效的断言或者保证；

（三）对经济效益进行分析、预测或者作保证性承诺；

（四）利用科研单位、学术机构、技术推广机构、行业协会或者专业人士、用户的名义或者形象作推荐、证明。

第二十八条 广告以虚假或者引人误解的内容欺骗、误导消费者的，构成虚假广告。

广告有下列情形之一的，为虚假广告：

（一）商品或者服务不存在的；

（二）商品的性能、功能、产地、用途、质量、规格、成分、价格、生产者、有效期限、销售状况、曾获荣誉等信息，或者服务的内容、提供者、形式、质量、价格、销售状况、曾获荣誉等信息，以及与商品或者服务有关的允诺等信息与实际情况不符，对购买行为有实质性影响的；

（三）使用虚构、伪造或者无法验证的科研成果、统计资料、调查结果、文摘、引用语等信息作证明材料的；

（四）虚构使用商品或者接受服务的效果的；

（五）以虚假或者引人误解的内容欺骗、误导消费者的其他情形。

第三章 广告行为规范

第二十九条 广播电台、电视台、报刊出版单位从事广告发布业务的，应当设有专门从事广告业务的机构，配备必要的人员，具有与发布广告相适应的场所、设备，并向县级以上地方工商行政管理部门办理广告发布登记。

第三十条 广告主、广告经营者、广告发布者之间在广告活动中应当依法订立书面合同。

第三十一条 广告主、广告经营者、广告发布者不得在广告活动中进行任何形式的不正当竞争。

第三十二条 广告主委托设计、制作、发布广告，应当委托具有合法经营资格的广告经营者、广告发布者。

第三十三条 广告主或者广告经营者在广告中使用他人名义或者形象的，应当事先取得其书面同意；使用无民事行为能力人、限制民事行为能力人的名义或者形象的，应当事先取得其监护人的书面同意。

第三十四条 广告经营者、广告发布者应当按照国家有关规定，建立、健全广告业务的承接登记、审核、档案管理制度。

广告经营者、广告发布者依据法律、行政法规查验有关证明文件，核对广告内容。对内容不符或者证明文件不全的广告，广告经营者不得提供设计、制作、代理服务，广告发布者不得发布。

第三十五条 广告经营者、广告发布者应当公布其收费标准和收费办法。

第三十六条 广告发布者向广告主、广告经营者提供的覆盖率、收视率、点击率、发行量等资料应当真实。

第三十七条 法律、行政法规规定禁止生产、销售的产品或者提供的服务，以及禁止发布广告的商品或者服务，任何单位或者个人不得设计、制作、代理、发布广告。

第三十八条 广告代言人在广告中对商品、服务作推荐、证明，应当依据事实，符合本法和有关法律、行政法规规定，并不得为其未使用过的商品或者未接受过的服务作推荐、证明。

不得利用不满十周岁的未成年人作为广告代言人。

对在虚假广告中作推荐、证明受到行政处罚未满三年的自然人、法人或者其他组织，不得利用其作为广告代言人。

第三十九条 不得在中小学校、幼儿园内开展广告活动，不得利用中小学生和幼儿的教材、教辅材料、练习册、文具、教具、校服、校车等发布或者变相发布广告，但公益广告除外。

第四十条 在针对未成年人的大众传播媒介上不得发布医疗、药品、保健食品、医疗器械、化妆品、酒类、美容广告，以及不利于未成年人身心健康的网络游戏广告。

针对不满十四周岁的未成年人的商品或者服务的广告不得含有下列内容：

（一）劝诱其要求家长购买广告商品或者服务；

（二）可能引发其模仿不安全行为。

第四十一条 县级以上地方人民政府应当组织有关部门加强对利用户外场所、空间、设施等发布户外广告的监督管理，制定户外广告设置规划和安全要求。

户外广告的管理办法，由地方性法规、地方政府规章规定。

第四十二条 有下列情形之一的，不得设置户外广告：

（一）利用交通安全设施、交通标志的；

（二）影响市政公共设施、交通安全设施、交通标志、消防设施、消防安全标志使用的；

（三）妨碍生产或者人民生活，损害市容市貌的；

（四）在国家机关、文物保护单位、风景名胜区等的建筑控制地带，或者县级以上地方人民政府禁止设置户外广告的区域设置的。

第四十三条 任何单位或者个人未经当事人同意或者请求，不得向其住宅、交通工具等发送广告，也不得以电子信息方式向其发送广告。

以电子信息方式发送广告的，应当明示发送者的真实身份和联系方式，并向接收者提供拒绝继续接收的方式。

第四十四条 利用互联网从事广告活动，适用本法的各项规定。

利用互联网发布、发送广告，不得影响用户正常使用网络。在互联网页面以弹出等形式发布的广告，应当显著标明关闭标志，确保一键关闭。

第四十五条 公共场所的管理者或者电信业务经营者、互联网信息服务提供者对其明知或者应知的利用其场所或者信息传输、发布平台发送、发布违法广告的，应当予以制止。

第四章 监督管理

第四十六条 发布医疗、药品、医疗器械、农药、兽药和保健食品广告，以及法律、行政法规规定应当进行审查的其他广告，应当在发布前由有关部门（以下称广告审查机关）对广告内容进行审查；未经审查，不得发布。

第四十七条 广告主申请广告审查，应当依照法律、行政法规向广告审查机关提交有关证明文件。

广告审查机关应当依照法律、行政法规规定作出审查决定，并应当将审查批准文件抄送同级工商行政管理部门。广告审查机关应当及时向社会公布批准的广告。

第四十八条 任何单位或者个人不得伪造、变造或者转让广告审查批准文件。

第四十九条 工商行政管理部门履行广告监督管理职责，可以行使下列职权：

（一）对涉嫌从事违法广告活动的场所实施现场检查；

（二）询问涉嫌违法当事人或者其法定代表人、主要负责人和其他有关人员，对有关单位或者个人进行调查；

（三）要求涉嫌违法当事人限期提供有关证明文件；

（四）查阅、复制与涉嫌违法广告有关的合同、票据、账簿、广告作品和其他有关资料；

（五）查封、扣押与涉嫌违法广告直接相关的广告物品、经营工具、设备等财物；

（六）责令暂停发布可能造成严重后果的涉嫌违法广告；

（七）法律、行政法规规定的其他职权。

工商行政管理部门应当建立健全广告监测制度，完善监测措施，及时发现和依法查处违法广告行为。

第五十条 国务院工商行政管理部门会同国务院有关部门，制定大众传播媒介广告发布行为规范。

第五十一条 工商行政管理部门依照本法规定行使职权，当事人应当协助、配合，不得拒绝、阻挠。

第五十二条 工商行政管理部门和有关部门及其工作人员对其在广告监督管理活动中知悉的商业秘密负有保密义务。

第五十三条 任何单位或者个人有权向工商行政管理部门和有关部门投诉、举报违反本法的行为。工商行政管理部门和有关部门应当向社会公开受理投诉、举报的电话、信箱或者电子邮件地址，接到投诉、举报的部门应当自收到投诉之日起七个工作日内，予以处理并告知投诉、举报人。

工商行政管理部门和有关部门不依法履行职责的，任何单位或者个人有权向其上级机关或者监察机关举报。接到举报的机关应当依法作出处理，并将处理结果及时告知举报人。

有关部门应当为投诉、举报人保密。

第五十四条 消费者协会和其他消费者组织对违反本法规定，发布虚假广告侵害消费者合法权益，以及其他损害社会公共利益的行为，依法进行社会监督。

第五章 法律责任

第五十五条 违反本法规定，发布虚假广告的，由工商行政管理部门责令停止发布广告，责令广告主在相应范围内消除影响，处广告费用三倍以上五倍以下的罚款，广告费用无法计算或者明显偏低的，处二十万元以上一百万元以下的罚款；两年内有三次以上违法行为或者有其他严重情节的，处广告费用五倍以上十倍以下的罚款，广告费用无法计算或者明显偏低的，处一百万元以上二百万元以下的罚款，可以吊销营业执照，并由广告审查机关撤销广告审查批准文件、一年内不受理其广告审查申请。

医疗机构有前款规定违法行为，情节严重的，除由工商行政管理部门依照本法处罚外，卫生行政部门可以吊销诊疗科目或者吊销医疗机构执业许可证。

广告经营者、广告发布者明知或者应知广告虚假仍设计、制作、代理、发布的，由工商行政管理部门没收广告费用，并处广告费用三倍以上五倍以下的罚款，广告费用无法计算或者明显偏低的，处二十万元以上一百万元以下的罚款；两年内有三次以上违法行为或者有其他严重情节的，处广告费用五倍以上十倍以下的罚款，广告费用无法计算或者明显偏低的，处一百万元以上二百万元以下的罚款，并可以由有关部门暂停广告发布业务、吊销营业执照、吊销广告发布登记证件。

广告主、广告经营者、广告发布者有本条第一款、第三款规定行为，构成犯罪的，依法追究刑事责任。

第五十六条 违反本法规定，发布虚假广告，欺骗、误导消费者，使购买商品或者接受服务的消费者的合法权益受到损害的，由广告主依法承担民事责任。广告经营者、广告发布者不能提供广告主的真实名称、地址和有效联系方式的，消费者可以要求广告经营者、广告发布者先行赔偿。

关系消费者生命健康的商品或者服务的虚假广告，造成消费者损害的，其广告经营者、广告发布者、广告代言人应当与广告主承担连带责任。

前款规定以外的商品或者服务的虚假广告，造成消费者损害的，其广告经营者、广告发布者、广告代言人，明知或者应知广告虚假仍设计、制作、代理、发布或者作推荐、证明的，应当与广告主承担连带责任。

第五十七条 有下列行为之一的，由工商行政管理部门责令停止发布广告，对广告主处二十万元以上一百万元以下的罚款，情节严重的，并可以吊销营业执照，由广告审查机关撤销广告审查批准文件、一年内不受理其广告审查申请；对广告经营者、广告发布者，由工商行政管理部门没收广告费用，处二十万元以上一百万元以下的罚款，情节严重的，并可以吊销营业执照、吊销广告发布登记证件：

（一）发布有本法第九条、第十条规定的禁止情形的广告的；

（二）违反本法第十五条规定发布处方药广告、药品类易制毒化学品广告、戒毒治疗的医疗器械和治疗方法广告的；

（三）违反本法第二十条规定，发布声称全部或者部分替代母乳的婴儿乳制品、饮料和其他食品广告的；

（四）违反本法第二十二条规定发布烟草广告的；

（五）违反本法第三十七条规定，利用广告推销禁止生产、销售的产品或者提供的服务，或者禁止发布广告的商品或者服务的；

（六）违反本法第四十条第一款规定，在针对未成年人的大众传播媒介上发布医疗、药品、保健食品、医疗器械、化妆品、酒类、美容广告，以及不利于未成年人身心健康的网络游戏广告的。

第五十八条 有下列行为之一的，由工商行政管理部门责令停止发布广告，责令广告主在相应范围内消除影响，处广告费用一倍以上三倍以下的罚款，广告费用无法计算或者明显偏低的，处十万元以上二十万元以下的罚款；情节严重的，处广告费用三倍以上五倍以下的罚款，广告费用无法计算或者明显偏低的，处二十万元以上一百万元以下的罚款，可以吊销营业执照，并由广告审查机关撤销广告审查批准文件、一年内不受理其广告审查申请：

（一）违反本法第十六条规定发布医疗、药品、医疗器械广告的；

（二）违反本法第十七条规定，在广告中涉及疾病治疗功能，以及使用医疗用语或者易使推销的商品与药品、医疗器械相混淆的用语的；

（三）违反本法第十八条规定发布保健食品广告的；

（四）违反本法第二十一条规定发布农药、兽药、饲料和饲料添加剂广告的；

（五）违反本法第二十三条规定发布酒类广告的；

（六）违反本法第二十四条规定发布教育、培训广告的；

（七）违反本法第二十五条规定发布招商等有投资回报预期的商品或者服务广告的；

（八）违反本法第二十六条规定发布房地产广告的；

（九）违反本法第二十七条规定发布农作物种子、林木种子、草种子、种畜禽、水产苗种和种养殖广告的；

（十）违反本法第三十八条第二款规定，利用不满十周岁的未成年人作为广告代言人的；

（十一）违反本法第三十八条第三款规定，利用自然人、法人或者其他组织作为广告代言人的；

（十二）违反本法第三十九条规定，在中小学校、幼儿园内或者利用与中小学生、幼儿有关的物品发布广告的；

（十三）违反本法第四十条第二款规定，发布针对不满十四周岁的未成年人的商品或者服务的广告的；

（十四）违反本法第四十六条规定，未经审查发布广告的。

医疗机构有前款规定违法行为，情节严重的，除由工商行政管理部门依照本法处罚外，卫生行政部门可以吊销诊疗科目或者吊销医疗机构执业许可证。

广告经营者、广告发布者明知或者应知有本条第一款规定违法行为仍设计、制作、代理、发布的，由工商行政管理部门没收广告费用，并处广告费用一倍以上三倍以下的罚款，广告费用无法计算或者明显偏低的，处十万元以上二十万元以下的罚款；情节严重的，处广告费用三倍以上五倍以下的罚款，广告费用无法计算或者明显偏低的，处二十万元以上一百万元以下的罚款，并可以由有关部门暂停广告发布业务、吊销营业执照、吊销广告发布登记证件。

第五十九条 有下列行为之一的，由工商行政管理部门责令停止发布广告，对广告主处十万元以下的罚款：

（一）广告内容违反本法第八条规定的；

（二）广告引证内容违反本法第十一条规定的；

（三）涉及专利的广告违反本法第十二条规定的；

（四）违反本法第十三条规定，广告贬低其他生产经营者的商品或者服务的。

广告经营者、广告发布者明知或者应知有前款规定违法行为仍设计、制作、代理、发布的，由工商行政管理部门处十万元以下的罚款。

广告违反本法第十四条规定，不具有可识别性的，或者违反本法第十九条规定，变相发布医疗、药品、医疗器械、保健食品广告的，由工商行政管理部门责令改正，对广告发布者处十万元以下的罚款。

第六十条 违反本法第二十九条规定，广播电台、电视台、报刊出版单位未办理广告发布登记，擅自从事广告发布业务的，由工商行政管理部门责令改正，没收违法所得，违法所得一万元以上的，并处违法所得一倍以上三倍以下的罚款；违法所得不足一万元的，并处五千元以上三万元以下的罚款。

第六十一条 违反本法第三十四条规定，广告经营者、广告发布者未按照国家有关规定建立、健全广告业务管理制度的，或者未对广告内容进行核对的，由工商行政管理部门责令改正，可以处五万元以下的罚款。

违反本法第三十五条规定，广告经营者、广告发布者未公布其收费标准和收费办法的，由价格主管部门责令改正，可以处五万元以下的罚款。

第六十二条 广告代言人有下列情形之一的，由工商行政管理部门没收违法所得，并处违法所得一倍以上二倍以下的罚款：

（一）违反本法第十六条第一款第四项规定，在医疗、药品、医疗器械广告中作推荐、证明的；

（二）违反本法第十八条第一款第五项规定，在保健食品广告中作推荐、证明的；

（三）违反本法第三十八条第一款规定，为其未使用过的商品或者未接受过的服务作推荐、证明的；

（四）明知或者应知广告虚假仍在广告中对商品、服务作推荐、证明的。

第六十三条 违反本法第四十三条规定发送广告的，由有关部门责令停止违法行为，对广告主处五千元以上三万元以下的罚款。

违反本法第四十四条第二款规定，利用互联网发布广告，未显著标明关闭标志，确保一键关闭的，由工商行政管理部门责令改正，对广告主处五千元以上三万元以下的罚款。

第六十四条 违反本法第四十五条规定，公共场所的管理者和电信业务经营者、互联网信息服务提供者，明知或者应知广告活动违法不予制止的，由工商行政管理部门没收违法所得，违法所得五万元以上的，并处违法所得一倍以上三倍以下的罚款，违法所得不足五万元的，并处一万元以上五万元以下的罚款；情节严重的，由有关部门依法停止相关业务。

第六十五条 违反本法规定，隐瞒真实情况或者提供虚假材料申请广告审查的，广告审查机关不予受理或者不予批准，予以警告，一年内不受理该申请人的广告审查申请；以欺骗、贿赂等不正当手段取得广告审查批准的，广告审查机关予以撤销，处十万元以上二十万元以下的罚款，三年内不受理该申请人的广告审查申请。

第六十六条 违反本法规定，伪造、变造或者转让广告审查批准文件的，由工商行政管理部门没收违法所得，并处一万元以上十万元以下的罚款。

第六十七条 有本法规定的违法行为的，由工商行政管理部门记入信用档案，并依照有关法律、行政法规规定予以公示。

第六十八条 广播电台、电视台、报刊音像出版单位发布违法广告，或者以新闻报道形式变相发布广告，或者以介绍健康、养生知识等形式变相发布医疗、药品、医疗器械、保健食品广告，工商行政管理部门依照本法给予处罚的，应当通报新闻出版广电部门以及其他有关部门。新闻出版广电部门以及其他有关部门应当依法对负有责任的主管人员和直接责任人员给予处分；情节严重的，并可以暂停媒体的广告发布业务。

新闻出版广电部门以及其他有关部门未依照前款规定对广播电台、电视台、报刊音像出版单位进行处理的，对负有责任的主管人员和直接责任人员，依法给予处分。

第六十九条 广告主、广告经营者、广告发布者违反本法规定，有下列侵权行为之一的，依法承担民事责任：

（一）在广告中损害未成年人或者残疾人的身心健康的；

（二）假冒他人专利的；

（三）贬低其他生产经营者的商品、服务的；

（四）在广告中未经同意使用他人名义或者形象的；

（五）其他侵犯他人合法民事权益的。

第七十条 因发布虚假广告，或者有其他本法规定的违法行为，被吊销营业执照的公司、企业的法定代表人，对违法行为负有个人责任的，自该公司、企业被吊销营业执照之日起三年内不得担任公司、企业的董事、监事、高级管理人员。

第七十一条 违反本法规定，拒绝、阻挠工商行政管理部门监督检查，或者有其他构成违反治安管理行为的，依法给予治安管理处罚；构成犯罪的，依法追究刑事责任。

第七十二条 广告审查机关对违法的广告内容作出审查批准决定的，对负有责任的主管人员和直接责任人员，由任免机关或者监察机关依法给予处分；构成犯罪的，依法追究刑事责任。

第七十三条 工商行政管理部门对在履行广告监测职责中发现的违法广告行为或者对经投诉、举报的违法广告行为，不依法予以查处的，对负有责任的主管人员和直接责任人员，依法给予处分。

工商行政管理部门和负责广告管理相关工作的有关部门的工作人员玩忽职守、滥用职权、徇私舞弊的，依法给予处分。

有前两款行为，构成犯罪的，依法追究刑事责任。

第六章 附 则

第七十四条 国家鼓励、支持开展公益广告宣传活动，传播社会主义核心价值观，倡导文明风尚。

大众传播媒介有义务发布公益广告。广播电台、电视台、报刊出版单位应当按照规定的版面、时段、时长发布公益广告。公益广告的管理办法，由国务院工商行政管理部门会同有关部门制定。

第七十五条 本法自 2015 年 9 月 1 日起施行。

附录2：

《广告法》修订前后对照表

修订前	修订后
第一章　总　则	第一章　总　则
第一条　为了规范广告活动，促进广告业的健康发展，保护消费者的合法权益，维护社会经济秩序，发挥广告在社会主义市场经济中的积极作用，制定本法。	**第一条**　为了规范广告活动，保护消费者的合法权益，促进广告业的健康发展，维护社会经济秩序，制定本法。
第二条　广告主、广告经营者、广告发布者在中华人民共和国境内从事广告活动，应当遵守本法。 本法所称广告，是指商品经营者或者服务提供者承担费用，通过一定媒介和形式直接或者间接地介绍自己所推销的商品或者所提供的服务的商业广告。 本法所称广告主，是指为推销商品或者提供服务，自行或者委托他人设计、制作、发布广告的法人、其他经济组织或者个人。 本法所称广告经营者，是指受委托提供广告设计、制作、代理服务的法人、其他经济组织或者个人。 本法所称广告发布者，是指为广告主或者广告主委托的广告经营者发布广告的法人或者其他经济组织。	**第二条**　在中华人民共和国境内，商品经营者或者服务提供者通过一定媒介和形式直接或者间接地介绍自己所推销的商品或者服务的商业广告活动，适用本法。 本法所称广告主，是指为推销商品或者服务，自行或者委托他人设计、制作、发布广告的自然人、法人或者其他组织。 本法所称广告经营者，是指接受委托提供广告设计、制作、代理服务的自然人、法人或者其他组织。 本法所称广告发布者，是指为广告主或者广告主委托的广告经营者发布广告的自然人、法人或者其他组织。 本法所称广告代言人，是指广告主以外的，在广告中以自己的名义或者形象对商品、服务作推荐、证明的自然人、法人或者其他组织。
第三条　广告应当真实、合法，符合社会主义精神文明建设的要求。	**第三条**　广告应当真实、合法，以健康的表现形式表达广告内容，符合社会主义精神文明建设和弘扬中华民族优秀传统文化的要求。

续表

修订前	修订后
第四条 广告不得含有虚假的内容，不得欺骗和误导消费者。	**第四条** 广告不得含有虚假或者引人误解的内容，不得欺骗、误导消费者。 广告主应当对广告内容的真实性负责。
第五条 广告主、广告经营者、广告发布者从事广告活动，应当遵守法律、行政法规，遵循公平、诚实信用的原则。	**第五条** 广告主、广告经营者、广告发布者从事广告活动，应当遵守法律、法规，诚实信用，公平竞争。
第六条 县级以上人民政府工商行政管理部门是广告监督管理机关。	**第六条** 国务院工商行政管理部门主管全国的广告监督管理工作，国务院有关部门在各自的职责范围内负责广告管理相关工作。 县级以上地方工商行政管理部门主管本行政区域的广告监督管理工作，县级以上地方人民政府有关部门在各自的职责范围内负责广告管理相关工作。
	第七条 广告行业组织依照法律、法规和章程的规定，制定行业规范，加强行业自律，促进行业发展，引导会员依法从事广告活动，推动广告行业诚信建设。
第二章 广告准则	**第二章 广告内容准则**
第九条 广告中对商品的性能、产地、用途、质量、价格、生产者、有效期限、允诺或者对服务的内容、形式、质量、价格、允诺有表示的，应当清楚、明白。 广告中表明推销商品、提供服务附带赠送礼品的，应当标明赠送的品种和数量。	**第八条** 广告中对商品的性能、功能、产地、用途、质量、成分、价格、生产者、有效期限、允诺等或者对服务的内容、提供者、形式、质量、价格、允诺等有表示的，应当准确、清楚、明白。 广告中表明推销的商品或者服务附带赠送的，应当明示所附带赠送商品或者服务的品种、规格、数量、期限和方式。 法律、行政法规规定广告中应当明示的内容，应当显著、清晰表示。

续表

修订前	修订后
第七条 广告内容应当有利于人民的身心健康，促进商品和服务质量的提高，保护消费者的合法权益，遵守社会公德和职业道德，维护国家的尊严和利益。 广告不得有下列情形： （一）使用中华人民共和国国旗、国徽、国歌； （二）使用国家机关和国家机关工作人员的名义； （三）使用国家级、最高级、最佳等用语； （四）妨碍社会安定和危害人身、财产安全，损害社会公共利益； （五）妨碍社会公共秩序和违背社会良好风尚； （六）含有淫秽、迷信、恐怖、暴力、丑恶的内容； （七）含有民族、种族、宗教、性别歧视的内容； （八）妨碍环境和自然资源保护； （九）法律、行政法规规定禁止的其他情形。	**第九条** 广告不得有下列情形： （一）使用或者变相使用中华人民共和国的国旗、国歌、国徽，军旗、军歌、军徽； （二）使用或者变相使用国家机关、国家机关工作人员的名义或者形象； （三）使用“国家级”、“最高级”、“最佳”等用语； （四）损害国家的尊严或者利益，泄露国家秘密； （五）妨碍社会安定，损害社会公共利益； （六）危害人身、财产安全，泄露个人隐私； （七）妨碍社会公共秩序或者违背社会良好风尚； （八）含有淫秽、色情、赌博、迷信、恐怖、暴力的内容； （九）含有民族、种族、宗教、性别歧视的内容； （十）妨碍环境、自然资源或者文化遗产保护； （十一）法律、行政法规规定禁止的其他情形。
第八条 广告不得损害未成年人和残疾人的身心健康。	**第十条** 广告不得损害未成年人和残疾人的身心健康。
第十条 广告使用数据、统计资料、调查结果、文摘、引用语，应当真实、准确，并表明出处。	**第十一条** 广告内容涉及的事项需要取得行政许可的，应当与许可的内容相符合。 广告使用数据、统计资料、调查结果、文摘、引用语等引证内容的，应当真实、准确，并表明出处。引证内容有适用范围和有效期限的，应当明确表示。

续表

修订前	修订后
第十一条 广告中涉及专利产品或者专利方法的，应当标明专利号和专利种类。 未取得专利权的，不得在广告中谎称取得专利权。 禁止使用未授予专利权的专利申请和已经终止、撤销、无效的专利做广告。	**第十二条** 广告中涉及专利产品或者专利方法的，应当标明专利号和专利种类。 未取得专利权的，不得在广告中谎称取得专利权。 禁止使用未授予专利权的专利申请和已经终止、撤销、无效的专利作广告。
第十二条 广告不得贬低其他生产经营者的商品或者服务。	**第十三条** 广告不得贬低其他生产经营者的商品或者服务。
第十三条 广告应当具有可识别性，能够使消费者辨明其为广告。 大众传播媒介不得以新闻报道形式发布广告。通过大众传播媒介发布的广告应当有广告标记，与其他非广告信息相区别，不得使消费者产生误解。	**第十四条** 广告应当具有可识别性，能够使消费者辨明其为广告。 大众传播媒介不得以新闻报道形式变相发布广告。通过大众传播媒介发布的广告应当显著标明“广告”，与其他非广告信息相区别，不得使消费者产生误解。 广播电台、电视台发布广告，应当遵守国务院有关部门关于时长、方式的规定，并应当对广告时长作出明显提示。
第十六条 麻醉药品、精神药品、毒性药品、放射性药品等特殊药品，不得做广告。	**第十五条** 麻醉药品、精神药品、医疗用毒性药品、放射性药品等特殊药品，药品类易制毒化学品，以及戒毒治疗的药品、医疗器械和治疗方法，不得作广告。 前款规定以外的处方药，只能在国务院卫生行政部门和国务院药品监督管理部门共同指定的医学、药学专业刊物上作广告。

续表

修订前	修订后
第十四条 药品、医疗器械广告不得有下列内容： （一）含有不科学的表示功效的断言或者保证的； （二）说明治愈率或者有效率的； （三）与其他药品、医疗器械的功效和安全性比较的； （四）利用医药科研单位、学术机构、医疗机构或者专家、医生、患者的名义和形象作证明的； （五）法律、行政法规规定禁止的其他内容。 **第十五条** 药品广告的内容必须以国务院卫生行政部门或者省、自治区、直辖市卫生行政部门批准的说明书为准。 国家规定的应当在医生指导下使用的治疗性药品广告中，必须注明“按医生处方购买和使用”。	**第十六条** 医疗、药品、医疗器械广告不得含有下列内容： （一）表示功效、安全性的断言或者保证； （二）说明治愈率或者有效率； （三）与其他药品、医疗器械的功效和安全性或者其他医疗机构比较； （四）利用广告代言人作推荐、证明； （五）法律、行政法规规定禁止的其他内容。 药品广告的内容不得与国务院药品监督管理部门批准的说明书不一致，并应当显著标明禁忌、不良反应。处方药广告应当显著标明“本广告仅供医学药学专业人士阅读”，非处方药广告应当显著标明“请按药品说明书或者在药师指导下购买和使用”。 推荐给个人自用的医疗器械的广告，应当显著标明“请仔细阅读产品说明书或者在医务人员的指导下购买和使用”。医疗器械产品注册证明文件中有禁忌内容、注意事项的，广告中应当显著标明“禁忌内容或者注意事项详见说明书”。
第十九条 食品、酒类、化妆品广告的内容必须符合卫生许可的事项，并不得使用医疗用语或者易与药品混淆的用语。	**第十七条** 除医疗、药品、医疗器械广告外，禁止其他任何广告涉及疾病治疗功能，并不得使用医疗用语或者易使推销的商品与药品、医疗器械相混淆的用语。
	第十八条 保健食品广告不得含有下列内容： （一）表示功效、安全性的断言或者保证； （二）涉及疾病预防、治疗功能； （三）声称或者暗示广告商品为保障健康所必需； （四）与药品、其他保健食品进行比较； （五）利用广告代言人作推荐、证明； （六）法律、行政法规规定禁止的其他内容。 保健食品广告应当显著标明“本品不能代替药物”。

续表

修订前	修订后
	第十九条 广播电台、电视台、报刊音像出版单位、互联网信息服务提供者不得以介绍健康、养生知识等形式变相发布医疗、药品、医疗器械、保健食品广告。
	第二十条 禁止在大众传播媒介或者公共场所发布声称全部或者部分替代母乳的婴儿乳制品、饮料和其他食品广告。
第十七条 农药广告不得有下列内容： （一）使用无毒、无害等表明安全性的绝对化断言的； （二）含有不科学的表示功效的断言或者保证的； （三）含有违反农药安全使用规程的文字、语言或者画面的； （四）法律、行政法规规定禁止的其他内容。	**第二十一条** 农药、兽药、饲料和饲料添加剂广告不得含有下列内容： （一）表示功效、安全性的断言或者保证； （二）利用科研单位、学术机构、技术推广机构、行业协会或者专业人士、用户的名义或者形象作推荐、证明； （三）说明有效率； （四）违反安全使用规程的文字、语言或者画面； （五）法律、行政法规规定禁止的其他内容。
第十八条 禁止利用广播、电影、电视、报纸、期刊发布烟草广告。 禁止在各类等候室、影剧院、会议厅堂、体育比赛场馆等公共场所设置烟草广告。 烟草广告中必须标明“吸烟有害健康”。	**第二十二条** 禁止在大众传播媒介或者公共场所、公共交通工具、户外发布烟草广告。禁止向未成年人发送任何形式的烟草广告。 禁止利用其他商品或者服务的广告、公益广告，宣传烟草制品名称、商标、包装、装潢以及类似内容。 烟草制品生产者或者销售者发布的迁址、更名、招聘等启事中，不得含有烟草制品名称、商标、包装、装潢以及类似内容。

续表

修订前	修订后
	第二十三条 酒类广告不得含有下列内容： （一）诱导、怂恿饮酒或者宣传无节制饮酒； （二）出现饮酒的动作； （三）表现驾驶车、船、飞机等活动； （四）明示或者暗示饮酒有消除紧张和焦虑、增加体力等功效。
	第二十四条 教育、培训广告不得含有下列内容： （一）对升学、通过考试、获得学位学历或者合格证书，或者对教育、培训的效果作出明示或者暗示的保证性承诺； （二）明示或者暗示有相关考试机构或者其工作人员、考试命题人员参与教育、培训； （三）利用科研单位、学术机构、教育机构、行业协会、专业人士、受益者的名义或者形象作推荐、证明。
	第二十五条 招商等有投资回报预期的商品或者服务广告，应当对可能存在的风险以及风险责任承担有合理提示或者警示，并不得含有下列内容： （一）对未来效果、收益或者与其相关的情况作出保证性承诺，明示或者暗示保本、无风险或者保收益等，国家另有规定的除外； （二）利用学术机构、行业协会、专业人士、受益者的名义或者形象作推荐、证明。
	第二十六条 房地产广告，房源信息应当真实，面积应当表明为建筑面积或者套内建筑面积，并不得含有下列内容： （一）升值或者投资回报的承诺； （二）以项目到达某一具体参照物的所需时间表示项目位置； （三）违反国家有关价格管理的规定； （四）对规划或者建设中的交通、商业、文化教育设施以及其他市政条件作误导宣传。

续表

修订前	修订后
	第二十七条 农作物种子、林木种子、草种子、种畜禽、水产苗种和种养殖广告关于品种名称、生产性能、生长量或者产量、品质、抗性、特殊使用价值、经济价值、适宜种植或者养殖的范围和条件等方面的表述应当真实、清楚、明白，并不得含有下列内容： （一）作科学上无法验证的断言； （二）表示功效的断言或者保证； （三）对经济效益进行分析、预测或者作保证性承诺； （四）利用科研单位、学术机构、技术推广机构、行业协会或者专业人士、用户的名义或者形象作推荐、证明。
	第二十八条 广告以虚假或者引人误解的内容欺骗、误导消费者的，构成虚假广告。 广告有下列情形之一的，为虚假广告： （一）商品或者服务不存在的； （二）商品的性能、功能、产地、用途、质量、规格、成分、价格、生产者、有效期限、销售状况、曾获荣誉等信息，或者服务的内容、提供者、形式、质量、价格、销售状况、曾获荣誉等信息，以及与商品或者服务有关的允诺等信息与实际情况不符，对购买行为有实质性影响的； （三）使用虚构、伪造或者无法验证的科研成果、统计资料、调查结果、文摘、引用语等信息作证明材料的； （四）虚构使用商品或者接受服务的效果的； （五）以虚假或者引人误解的内容欺骗、误导消费者的其他情形。

续表

修订前	修订后
第三章 广告活动	**第三章 广告行为规范**
第二十六条 从事广告经营的，应当具有必要的专业技术人员、制作设备，并依法办理公司或者广告经营登记，方可从事广告活动。 广播电台、电视台、报刊出版单位的广告业务，应当由其专门从事广告业务的机构办理，并依法办理兼营广告的登记。	**第二十九条** 广播电台、电视台、报刊出版单位从事广告发布业务的，应当设有专门从事广告业务的机构，配备必要的人员，具有与发布广告相适应的场所、设备，并向县级以上地方工商行政管理部门办理广告发布登记。
第二十条 广告主、广告经营者、广告发布者之间在广告活动中应当依法订立书面合同，明确各方的权利和义务。	**第三十条** 广告主、广告经营者、广告发布者之间在广告活动中应当依法订立书面合同。
第二十一条 广告主、广告经营者、广告发布者不得在广告活动中进行任何形式的不正当竞争。	**第三十一条** 广告主、广告经营者、广告发布者不得在广告活动中进行任何形式的不正当竞争。
第二十二条 广告主自行或者委托他人设计、制作、发布广告，所推销的商品或者所提供的服务应当符合广告主的经营范围。	
第二十三条 广告主委托设计、制作、发布广告，应当委托具有合法经营资格的广告经营者、广告发布者。	**第三十二条** 广告主委托设计、制作、发布广告，应当委托具有合法经营资格的广告经营者、广告发布者。
第二十四条 广告主自行或者委托他人设计、制作、发布广告，应当具有或者提供真实、合法、有效的下列证明文件： （一）营业执照以及其他生产、经营资格的证明文件； （二）质量检验机构对广告中有关商品质量内容出具的证明文件； （三）确认广告内容真实性的其他证明文件。 依照本法第三十四条的规定，发布广告需要经有关行政主管部门审查的，还应当提供有关批准文件。	

续表

修订前	修订后
第二十五条 广告主或者广告经营者在广告中使用他人名义、形象的，应当事先取得他人的书面同意；使用无民事行为能力人、限制民事行为能力人的名义、形象的，应当事先取得其监护人的书面同意。	**第三十三条** 广告主或者广告经营者在广告中使用他人名义或者形象的，应当事先取得其书面同意；使用无民事行为能力人、限制民事行为能力人的名义或者形象的，应当事先取得其监护人的书面同意。
第二十八条 广告经营者、广告发布者按照国家有关规定，建立、健全广告业务的承接登记、审核、档案管理制度。 **第二十七条** 广告经营者、广告发布者依据法律、行政法规查验有关证明文件，核实广告内容。对内容不实或者证明文件不全的广告，广告经营者不得提供设计、制作、代理服务，广告发布者不得发布。	**第三十四条** 广告经营者、广告发布者应当按照国家有关规定，建立、健全广告业务的承接登记、审核、档案管理制度。 广告经营者、广告发布者依据法律、行政法规查验有关证明文件，核对广告内容。对内容不符或者证明文件不全的广告，广告经营者不得提供设计、制作、代理服务，广告发布者不得发布。
第二十九条 广告收费应当合理、公开，收费标准和收费办法应当向物价和工商行政管理部门备案。 广告经营者、广告发布者应当公布其收费标准和收费办法。	**第三十五条** 广告经营者、广告发布者应当公布其收费标准和收费办法。
第三十条 广告发布者向广告主、广告经营者提供的媒介覆盖率、收视率、发行量等资料应当真实。	**第三十六条** 广告发布者向广告主、广告经营者提供的覆盖率、收视率、点击率、发行量等资料应当真实。
第三十一条 法律、行政法规规定禁止生产、销售的商品或者提供的服务，以及禁止发布广告的商品或者服务，不得设计、制作、发布广告。	**第三十七条** 法律、行政法规规定禁止生产、销售的产品或者提供的服务，以及禁止发布广告的商品或者服务，任何单位或者个人不得设计、制作、代理、发布广告。

续表

修订前	修订后
	第三十八条 广告代言人在广告中对商品、服务作推荐、证明，应当依据事实，符合本法和有关法律、行政法规规定，并不得为其未使用过的商品或者未接受过的服务作推荐、证明。 不得利用不满十周岁的未成年人作为广告代言人。 对在虚假广告中作推荐、证明受到行政处罚未满三年的自然人、法人或者其他组织，不得利用其作为广告代言人。
	第三十九条 不得在中小学校、幼儿园内开展广告活动，不得利用中小学生和幼儿的教材、教辅材料、练习册、文具、教具、校服、校车等发布或者变相发布广告，但公益广告除外。
	第四十条 在针对未成年人的大众传播媒介上不得发布医疗、药品、保健食品、医疗器械、化妆品、酒类、美容广告，以及不利于未成年人身心健康的网络游戏广告。 针对不满十四周岁的未成年人的商品或者服务的广告不得含有下列内容： （一）劝诱其要求家长购买广告商品或者服务； （二）可能引发其模仿不安全行为。
第三十三条 户外广告的设置规划和管理办法，由当地县级以上地方人民政府组织广告监督管理、城市建设、环境保护、公安等有关部门制定。	**第四十一条** 县级以上地方人民政府应当组织有关部门加强对利用户外场所、空间、设施等发布户外广告的监督管理，制定户外广告设置规划和安全要求。 户外广告的管理办法，由地方性法规、地方政府规章规定。

续表

修订前	修订后
第三十二条 有下列情形之一的，不得设置户外广告： （一）利用交通安全设施、交通标志的； （二）影响市政公共设施、交通安全设施、交通标志使用的； （三）妨碍生产或者人民生活，损害市容市貌的； （四）国家机关、文物保护单位和名胜风景点的建筑控制地带； （五）当地县级以上地方人民政府禁止设置户外广告的区域。	**第四十二条** 有下列情形之一的，不得设置户外广告： （一）利用交通安全设施、交通标志的； （二）影响市政公共设施、交通安全设施、交通标志、消防设施、消防安全标志使用的； （三）妨碍生产或者人民生活，损害市容市貌的； （四）在国家机关、文物保护单位、风景名胜区等的建筑控制地带，或者县级以上地方人民政府禁止设置户外广告的区域设置的。
	第四十三条 任何单位或者个人未经当事人同意或者请求，不得向其住宅、交通工具等发送广告，也不得以电子信息方式向其发送广告。 以电子信息方式发送广告的，应当明示发送者的真实身份和联系方式，并向接收者提供拒绝继续接收的方式。
	第四十四条 利用互联网从事广告活动，适用本法的各项规定。 利用互联网发布、发送广告，不得影响用户正常使用网络。在互联网页面以弹出等形式发布的广告，应当显著标明关闭标志，确保一键关闭。
	第四十五条 公共场所的管理者或者电信业务经营者、互联网信息服务提供者对其明知或者应知的利用其场所或者信息传输、发布平台发送、发布违法广告的，应当予以制止。

续表

修订前	修订后
第四章　广告的审查	**第四章　监督管理**
第三十四条　利用广播、电影、电视、报纸、期刊以及其他媒介发布药品、医疗器械、农药、兽药等商品的广告和法律、行政法规规定应当进行审查的其他广告，必须在发布前依照有关法律、行政法规由有关行政主管部门（以下简称广告审查机关）对广告内容进行审查；未经审查，不得发布。	**第四十六条**　发布医疗、药品、医疗器械、农药、兽药和保健食品广告，以及法律、行政法规规定应当进行审查的其他广告，应当在发布前由有关部门（以下称广告审查机关）对广告内容进行审查；未经审查，不得发布。
第三十五条　广告主申请广告审查，应当依照法律、行政法规向广告审查机关提交有关证明文件。广告审查机关应当依照法律、行政法规作出审查决定。	**第四十七条**　广告主申请广告审查，应当依照法律、行政法规向广告审查机关提交有关证明文件。 广告审查机关应当依照法律、行政法规规定作出审查决定，并应当将审查批准文件抄送同级工商行政管理部门。广告审查机关应当及时向社会公布批准的广告。
第三十六条　任何单位和个人不得伪造、变造或者转让广告审查决定文件。	**第四十八条**　任何单位或者个人不得伪造、变造或者转让广告审查批准文件。
	第四十九条　工商行政管理部门履行广告监督管理职责，可以行使下列职权： （一）对涉嫌从事违法广告活动的场所实施现场检查； （二）询问涉嫌违法当事人或者其法定代表人、主要负责人和其他有关人员，对有关单位或者个人进行调查； （三）要求涉嫌违法当事人限期提供有关证明文件； （四）查阅、复制与涉嫌违法广告有关的合同、票据、账簿、广告作品和其他有关资料； （五）查封、扣押与涉嫌违法广告直接相关的广告物品、经营工具、设备等财物； （六）责令暂停发布可能造成严重后果的涉嫌违法广告； （七）法律、行政法规规定的其他职权。 工商行政管理部门应当建立健全广告监测制度，完善监测措施，及时发现和依法查处违法广告行为。

续表

修订前	修订后
	第五十条 国务院工商行政管理部门会同国务院有关部门，制定大众传播媒介广告发布行为规范。
	第五十一条 工商行政管理部门依照本法规定行使职权，当事人应当协助、配合，不得拒绝、阻挠。
	第五十二条 工商行政管理部门和有关部门及其工作人员对其在广告监督管理活动中知悉的商业秘密负有保密义务。
	第五十三条 任何单位或者个人有权向工商行政管理部门和有关部门投诉、举报违反本法的行为。工商行政管理部门和有关部门应当向社会公开受理投诉、举报的电话、信箱或者电子邮件地址，接到投诉、举报的部门应当自收到投诉之日起七个工作日内，予以处理并告知投诉、举报人。 工商行政管理部门和有关部门不依法履行职责的，任何单位或者个人有权向其上级机关或者监察机关举报。接到举报的机关应当依法作出处理，并将处理结果及时告知举报人。 有关部门应当为投诉、举报人保密。
	第五十四条 消费者协会和其他消费者组织对违反本法规定，发布虚假广告侵害消费者合法权益，以及其他损害社会公共利益的行为，依法进行社会监督。

续表

修订前	修订后
第五章　法律责任	**第五章　法律责任**
第三十七条　违反本法规定，利用广告对商品或者服务作虚假宣传的，由广告监督管理机关责令广告主停止发布、并以等额广告费用在相应范围内公开更正消除影响，并处广告费用一倍以上五倍以下的罚款，对负有责任的广告经营者、广告发布者没收广告费用，并处广告费用一倍以上五倍以下的罚款；情节严重的，依法停止其广告业务。构成犯罪的，依法追究刑事责任。	**第五十五条**　违反本法规定，发布虚假广告的，由工商行政管理部门责令停止发布广告，责令广告主在相应范围内消除影响，处广告费用三倍以上五倍以下的罚款，广告费用无法计算或者明显偏低的，处二十万元以上一百万元以下的罚款；两年内有三次以上违法行为或者有其他严重情节的，处广告费用五倍以上十倍以下的罚款，广告费用无法计算或者明显偏低的，处一百万元以上二百万元以下的罚款，可以吊销营业执照，并由广告审查机关撤销广告审查批准文件、一年内不受理其广告审查申请。 医疗机构有前款规定违法行为，情节严重的，除由工商行政管理部门依照本法处罚外，卫生行政部门可以吊销诊疗科目或者吊销医疗机构执业许可证。 广告经营者、广告发布者明知或者应知广告虚假仍设计、制作、代理、发布的，由工商行政管理部门没收广告费用，并处广告费用三倍以上五倍以下的罚款，广告费用无法计算或者明显偏低的，处二十万元以上一百万元以下的罚款；两年内有三次以上违法行为或者有其他严重情节的，处广告费用五倍以上十倍以下的罚款，广告费用无法计算或者明显偏低的，处一百万元以上二百万元以下的罚款，并可以由有关部门暂停广告发布业务、吊销营业执照、吊销广告发布登记证件。 广告主、广告经营者、广告发布者有本条第一款、第三款规定行为，构成犯罪的，依法追究刑事责任。

续表

修订前	修订后
第三十八条第一款 违反本法规定，发布虚假广告，欺骗和误导消费者，使购买商品或者接受服务的消费者的合法权益受到损害的，由广告主依法承担民事责任；广告经营者、广告发布者明知或者应知广告虚假仍设计、制作、发布的，应当依法承担连带责任。 **第三十八条第二款** 广告经营者、广告发布者不能提供广告主的真实名称、地址的，应当承担全部民事责任。	**第五十六条** 违反本法规定，发布虚假广告，欺骗、误导消费者，使购买商品或者接受服务的消费者的合法权益受到损害的，由广告主依法承担民事责任。广告经营者、广告发布者不能提供广告主的真实名称、地址和有效联系方式的，消费者可以要求广告经营者、广告发布者先行赔偿。 关系消费者生命健康的商品或者服务的虚假广告，造成消费者损害的，其广告经营者、广告发布者、广告代言人应当与广告主承担连带责任。 前款规定以外的商品或者服务的虚假广告，造成消费者损害的，其广告经营者、广告发布者、广告代言人，明知或者应知广告虚假仍设计、制作、代理、发布或者作推荐、证明的，应当与广告主承担连带责任。

续表

修订前	修订后
第三十九条 发布广告违反本法第七条第二款规定的，由广告监督管理机关责令负有责任的广告主、广告经营者、广告发布者停止发布、公开更正，没收广告费用，并处广告费用一倍以上五倍以下的罚款；情节严重的，依法停止其广告业务。构成犯罪的，依法追究刑事责任。 **第四十一条** 违反本法第十四条至第十七条、第十九条规定，发布药品、医疗器械、农药、食品、酒类、化妆品广告的，或者违反本法第三十一条规定发布广告的，由广告监督管理机关责令负有责任的广告主、广告经营者、广告发布者改正或者停止发布，没收广告费用，可以并处广告费用一倍以上五倍以下的罚款；情节严重的，依法停止其广告业务。 **第四十二条** 违反本法第十八条的规定，利用广播、电影、电视、报纸、期刊发布烟草广告，或者在公共场所设置烟草广告的，由广告监督管理机关责令负有责任的广告主、广告经营者、广告发布者停止发布，没收广告费用，可以并处广告费用一倍以上五倍以下的罚款。	**第五十七条** 有下列行为之一的，由工商行政管理部门责令停止发布广告，对广告主处二十万元以上一百万元以下的罚款，情节严重的，并可以吊销营业执照，由广告审查机关撤销广告审查批准文件、一年内不受理其广告审查申请；对广告经营者、广告发布者，由工商行政管理部门没收广告费用，处二十万元以上一百万元以下的罚款，情节严重的，并可以吊销营业执照、吊销广告发布登记证件： （一）发布有本法第九条、第十条规定的禁止情形的广告的； （二）违反本法第十五条规定发布处方药广告、药品类易制毒化学品广告、戒毒治疗的医疗器械和治疗方法广告的； （三）违反本法第二十条规定，发布声称全部或者部分替代母乳的婴儿乳制品、饮料和其他食品广告的； （四）违反本法第二十二条规定发布烟草广告的； （五）违反本法第三十七条规定，利用广告推销禁止生产、销售的产品或者提供的服务，或者禁止发布广告的商品或者服务的； （六）违反本法第四十条第一款规定，在针对未成年人的大众传播媒介上发布医疗、药品、保健食品、医疗器械、化妆品、酒类、美容广告，以及不利于未成年人身心健康的网络游戏广告的。

续表

修订前	修订后
第四十三条 违反本法第三十四条的规定，未经广告审查机关审查批准，发布广告的，由广告监督管理机关责令负有责任的广告主、广告经营者、广告发布者停止发布，没收广告费用，并处广告费用一倍以上五倍以下的罚款。	**第五十八条** 有下列行为之一的，由工商行政管理部门责令停止发布广告，责令广告主在相应范围内消除影响，处广告费用一倍以上三倍以下的罚款，广告费用无法计算或者明显偏低的，处十万元以上二十万元以下的罚款；情节严重的，处广告费用三倍以上五倍以下的罚款，广告费用无法计算或者明显偏低的，处二十万元以上一百万元以下的罚款，可以吊销营业执照，并由广告审查机关撤销广告审查批准文件、一年内不受理其广告审查申请： （一）违反本法第十六条规定发布医疗、药品、医疗器械广告的； （二）违反本法第十七条规定，在广告中涉及疾病治疗功能，以及使用医疗用语或者易使推销的商品与药品、医疗器械相混淆的用语的； （三）违反本法第十八条规定发布保健食品广告的； （四）违反本法第二十一条规定发布农药、兽药、饲料和饲料添加剂广告的； （五）违反本法第二十三条规定发布酒类广告的； （六）违反本法第二十四条规定发布教育、培训广告的； （七）违反本法第二十五条规定发布招商等有投资回报预期的商品或者服务广告的； （八）违反本法第二十六条规定发布房地产广告的； （九）违反本法第二十七条规定发布农作物种子、林木种子、草种子、种畜禽、水产苗种和种养殖广告的； （十）违反本法第三十八条第二款规定，利用不满十周岁的未成年人作为广告代言人的；

续表

修订前	修订后
	（十一）违反本法第三十八条第三款规定，利用自然人、法人或者其他组织作为广告代言人的； （十二）违反本法第三十九条规定，在中小学校、幼儿园内或者利用与中小学生、幼儿有关的物品发布广告的； （十三）违反本法第四十条第二款规定，发布针对不满十四周岁的未成年人的商品或者服务的广告的； （十四）违反本法第四十六条规定，未经审查发布广告的。 医疗机构有前款规定违法行为，情节严重的，除由工商行政管理部门依照本法处罚外，卫生行政部门可以吊销诊疗科目或者吊销医疗机构执业许可证。 广告经营者、广告发布者明知或者应知有本条第一款规定违法行为仍设计、制作、代理、发布的，由工商行政管理部门没收广告费用，并处广告费用一倍以上三倍以下的罚款，广告费用无法计算或者明显偏低的，处十万元以上二十万元以下的罚款；情节严重的，处广告费用三倍以上五倍以下的罚款，广告费用无法计算或者明显偏低的，处二十万元以上一百万元以下的罚款，并可以由有关部门暂停广告发布业务、吊销营业执照、吊销广告发布登记证件。

续表

修订前	修订后
第四十条 发布广告违反本法第九条至第十二条规定的，由广告监督管理机关责令负有责任的广告主、广告经营者、广告发布者停止发布、公开更正，没收广告费用，可以并处广告费用一倍以上五倍以下的罚款。 发布广告违反本法第十三条规定的，由广告监督管理机关责令广告发布者改正，处以一千元以上一万元以下的罚款。	**第五十九条** 有下列行为之一的，由工商行政管理部门责令停止发布广告，对广告主处十万元以下的罚款： （一）广告内容违反本法第八条规定的； （二）广告引证内容违反本法第十一条规定的； （三）涉及专利的广告违反本法第十二条规定的； （四）违反本法第十三条规定，广告贬低其他生产经营者的商品或者服务的。 广告经营者、广告发布者明知或者应知有前款规定违法行为仍设计、制作、代理、发布的，由工商行政管理部门处十万元以下的罚款。 广告违反本法第十四条规定，不具有可识别性的，或者违反本法第十九条规定，变相发布医疗、药品、医疗器械、保健食品广告的，由工商行政管理部门责令改正，对广告发布者处十万元以下的罚款。
	第六十条 违反本法第二十九条规定，广播电台、电视台、报刊出版单位未办理广告发布登记，擅自从事广告发布业务的，由工商行政管理部门责令改正，没收违法所得，违法所得一万元以上的，并处违法所得一倍以上三倍以下的罚款；违法所得不足一万元的，并处五千元以上三万元以下的罚款。
	第六十一条 违反本法第三十四条规定，广告经营者、广告发布者未按照国家有关规定建立、健全广告业务管理制度的，或者未对广告内容进行核对的，由工商行政管理部门责令改正，可以处五万元以下的罚款。 违反本法第三十五条规定，广告经营者、广告发布者未公布其收费标准和收费办法的，由价格主管部门责令改正，可以处五万元以下的罚款。

续表

修订前	修订后
第三十八条第三款 社会团体或者其他组织，在虚假广告中向消费者推荐商品或者服务，使消费者的合法权益受到损害的，应当依法承担连带责任。	**第六十二条** 广告代言人有下列情形之一的，由工商行政管理部门没收违法所得，并处违法所得一倍以上二倍以下的罚款： （一）违反本法第十六条第一款第四项规定，在医疗、药品、医疗器械广告中作推荐、证明的； （二）违反本法第十八条第一款第五项规定，在保健食品广告中作推荐、证明的； （三）违反本法第三十八条第一款规定，为其未使用过的商品或者未接受过的服务作推荐、证明的； （四）明知或者应知广告虚假仍在广告中对商品、服务作推荐、证明的。
	第六十三条 违反本法第四十三条规定发送广告的，由有关部门责令停止违法行为，对广告主处五千元以上三万元以下的罚款。 违反本法第四十四条第二款规定，利用互联网发布广告，未显著标明关闭标志，确保一键关闭的，由工商行政管理部门责令改正，对广告主处五千元以上三万元以下的罚款。
	第六十四条 违反本法第四十五条规定，公共场所的管理者和电信业务经营者、互联网信息服务提供者，明知或者应知广告活动违法不予制止的，由工商行政管理部门没收违法所得，违法所得五万元以上的，并处违法所得一倍以上三倍以下的罚款，违法所得不足五万元的，并处一万元以上五万元以下的罚款；情节严重的，由有关部门依法停止相关业务。

续表

修订前	修订后
	第六十五条 违反本法规定，隐瞒真实情况或者提供虚假材料申请广告审查的，广告审查机关不予受理或者不予批准，予以警告，一年内不受理该申请人的广告审查申请；以欺骗、贿赂等不正当手段取得广告审查批准的，广告审查机关予以撤销，处十万元以上二十万元以下的罚款，三年内不受理该申请人的广告审查申请。
第四十四条 广告主提供虚假证明文件的，由广告监督管理机关处以一万元以上十万元以下的罚款。 伪造、变造或者转让广告审查决定文件的，由广告监督管理机关没收违法所得，并处一万元以上十万元以下的罚款。构成犯罪的，依法追究刑事责任。	**第六十六条** 违反本法规定，伪造、变造或者转让广告审查批准文件的，由工商行政管理部门没收违法所得，并处一万元以上十万元以下的罚款。
	第六十七条 有本法规定的违法行为的，由工商行政管理部门记入信用档案，并依照有关法律、行政法规规定予以公示。
	第六十八条 广播电台、电视台、报刊音像出版单位发布违法广告，或者以新闻报道形式变相发布广告，或者以介绍健康、养生知识等形式变相发布医疗、药品、医疗器械、保健食品广告，工商行政管理部门依照本法给予处罚的，应当通报新闻出版广电部门以及其他有关部门。新闻出版广电部门以及其他有关部门应当依法对负有责任的主管人员和直接责任人员给予处分；情节严重的，并可以暂停媒体的广告发布业务。 新闻出版广电部门以及其他有关部门未依照前款规定对广播电台、电视台、报刊音像出版单位进行处理的，对负有责任的主管人员和直接责任人员，依法给予处分。

续表

修订前	修订后
第四十七条 广告主、广告经营者、广告发布者违反本法规定，有下列侵权行为之一的，依法承担民事责任： （一）在广告中损害未成年人或者残疾人的身心健康的； （二）假冒他人专利的； （三）贬低其他生产经营者的商品或者服务的； （四）广告中未经同意使用他人名义、形象的； （五）其他侵犯他人合法民事权益的。	**第六十九条** 广告主、广告经营者、广告发布者违反本法规定，有下列侵权行为之一的，依法承担民事责任： （一）在广告中损害未成年人或者残疾人的身心健康的； （二）假冒他人专利的； （三）贬低其他生产经营者的商品、服务的； （四）在广告中未经同意使用他人名义或者形象的； （五）其他侵犯他人合法民事权益的。
	第七十条 因发布虚假广告，或者有其他本法规定的违法行为，被吊销营业执照的公司、企业的法定代表人，对违法行为负有个人责任的，自该公司、企业被吊销营业执照之日起三年内不得担任公司、企业的董事、监事、高级管理人员。
	第七十一条 违反本法规定，拒绝、阻挠工商行政管理部门监督检查，或者有其他构成违反治安管理行为的，依法给予治安管理处罚；构成犯罪的，依法追究刑事责任。
第四十五条 广告审查机关对违法的广告内容作出审查批准决定的，对直接负责的主管人员和其他直接责任人员，由其所在单位、上级机关、行政监察部门依法给予行政处分。	**第七十二条** 广告审查机关对违法的广告内容作出审查批准决定的，对负有责任的主管人员和直接责任人员，由任免机关或者监察机关依法给予处分；构成犯罪的，依法追究刑事责任。

续表

修订前	修订后
第四十六条 广告监督管理机关和广告审查机关的工作人员玩忽职守、滥用职权、徇私舞弊的，给予行政处分。构成犯罪的，依法追究刑事责任。	**第七十三条** 工商行政管理部门对在履行广告监测职责中发现的违法广告行为或者对经投诉、举报的违法广告行为，不依法予以查处的，对负有责任的主管人员和直接责任人员，依法给予处分。 工商行政管理部门和负责广告管理相关工作的有关部门的工作人员玩忽职守、滥用职权、徇私舞弊的，依法给予处分。 有前两款行为，构成犯罪的，依法追究刑事责任。
第四十八条 当事人对行政处罚决定不服的，可以在接到处罚通知之日起十五日内向作出处罚决定的机关的上一级机关申请复议；当事人也可以在接到处罚通知之日起十五日内直接向人民法院起诉。 复议机关应当在接到复议申请之日起六十日内作出复议决定。当事人对复议决定不服的，可以在接到复议决定之日起十五日内向人民法院起诉。复议机关逾期不作出复议决定的，当事人可以在复议期满之日起十五日内向人民法院起诉。 当事人逾期不申请复议也不向人民法院起诉，又不履行处罚决定的，作出处罚决定的机关可以申请人民法院强制执行。	

续表

修订前	修订后
	第六章 附 则
	第七十四条 国家鼓励、支持开展公益广告宣传活动，传播社会主义核心价值观，倡导文明风尚。 大众传播媒介有义务发布公益广告。广播电台、电视台、报刊出版单位应当按照规定的版面、时段、时长发布公益广告。公益广告的管理办法，由国务院工商行政管理部门会同有关部门制定。
第四十九条 本法自1995年2月1日起施行。本法施行前制定的其他有关广告的法律、法规的内容与本法不符的，以本法为准。	**第七十五条** 本法自2015年9月1日起施行。